金师起点·新管理书系

股权激励

用股权撬动团队的力量

杨建强　季　强／著

中国财富出版社

图书在版编目（CIP）数据

股权激励：用股权撬动团队的力量／杨建强，季强著.—北京：
中国财富出版社，2017.7

（金师起点·新管理书系）

ISBN 978 - 7 - 5047 - 6567 - 3

Ⅰ.①股… Ⅱ.①杨… ②季… Ⅲ.①股权激励—研究 Ⅳ.①F272.923

中国版本图书馆 CIP 数据核字（2017）第 190119 号

策划编辑 宋 宇		**责任编辑** 宋宪玲			
责任印制 方朋远 梁 凡		**责任校对** 胡世勋		**责任发行** 张红燕	

出版发行	中国财富出版社			
社 址	北京市丰台区南四环西路 188 号 5 区 20 楼		**邮政编码**	100070
电 话	010 - 52227588 转 2048/2028（发行部）		010 - 52227588 转 307（总编室）	
	010 - 68589540（读者服务部）		010 - 52227588 转 305（质检部）	
网 址	http://www.cfpress.com.cn			
经 销	新华书店			
印 刷	北京京都六环印刷厂			
书 号	ISBN 978 - 7 - 5047 - 6567 - 3/F·2807			
开 本	710mm×1000mm 1/16		**版 次**	2017 年 12 月第 1 版
印 张	10.5		**印 次**	2017 年 12 月第 1 次印刷
字 数	135 千字		**定 价**	39.80 元

鸣　谢

陈江	魏运杰	杨伟健	吕贻标	蔡继明	仲鑫	武玉杰
胡勇	赵军	向国春	王英男	苏顺华	杨成军	王大权
李强	谢永生	李翰达	张峰	周晓理	卢跃林	赵炳胜
马云双	孙永恒	陈志松	赵红	朱志勇	李彬	李辉
蔺新亮	刘衍卉	马云双	潘慧	孙永恒	武玉杰	卢四华
孙凯华	王家彬	温国志	宛玉明	徐天乐	于明杰	于德翔
尹轶励	杨清华	周晓理	张立斌	朱胜元	张毅	赵伟
赵刚	赵亚青	张力男	黄俊杰	马长云	金云峰	白勇平
周文波	马明海	宋晓明	韩煜	杨立志	邵光明	黄广涛
杨艳华	廖景斌	黄茜	吕利	王卫兵	彭新泽	周建民
徐永红	李晓东	邱禹鑫	刘雪明	安家新	方海乔	梁学科
王菲	王效云	金育辉	周游	严友明	赵国红	吕旭幸
谭礼成	张文锐	王阳	吴兴立	舒忠峰	王建	杨维国
康明亮	阎敏	王飞	张丽萍	葛向军	徐鹏强	周安斌
宋明睿	范树奎	杨悦增	张弛轩	戴士伟	黄凤金	翟树兴
于莉	黄道权	戴士伟	宋佩	梁子强	孙永乐	侯成君
金成发	王崇彩	蔡芳新				

股权激励

目 录 CONTENTS

股权激励：企业可持续发展的双赢模式

我们知道，创业是"长跑"，企业想要可持续发展，股权激励制度尤为重要。公司实施股权激励，获得公司股权的职业经理人不仅享有股票分红的权利，还能够依照自己的股权份额，参与公司的决策制订，承担公司运营过程中遇到的风险。

实施股权激励政策，调动公司核心员工的积极性，才有利于企业的长期发展。那么为什么说创业是"长跑"，而不是"短跑"呢？

千万别拿"长跑"当"短跑"，"长跑"开始时宁可慢一点，适当地合理分配体力，在最后关头冲刺。假如一开始就拼命领跑，以求获得喝彩，也许未到终点就已倒下。用这个道理来形容创业再合适不过，创业者在稳扎稳打的基础上，才有可能成功。把创业当成一场长跑，依靠持续的积累和进步取得发展，这就是企业的可持续发展。几乎每一个创业者，在刚开始起步的时候都会面临很多困境，比如没有核心竞争力，没有足够的资本做后盾等。面对这样的困难，我们要有跑"长跑"的心理准备，慢慢坚持，而不要在乎一时的得失，时间久了，就一定能取得不错的成绩。

　　然而，很多创业者并不具备这样的心态，他们的想法就是希望通过创业尽快赚钱。有些人，天天盯着网络，看看这个项目、瞅瞅那个项目，一旦发现别人快速赚大钱的例子，就兴奋得不得了。他们梦想着跟别人一样，能在网上赚上几百万元甚至上千万元。其实，那都是不靠谱的事情。如杨建强先生在《实干成就梦想》中提到，实业是山，互联网是浪。因为创业赚钱根本就不是一件容易的事情，极少有人一下子暴发。即便是真有暴发的好机会，也势必夹杂很多风险。

　　企业的全面、协调、可持续发展，最根本的要求就是有一支忠诚企业，具有良好政治思想、文化素质和业务素质的职工队伍。只有设定了优良的股权激励制度，才能创造良好的文化氛围，对提升员工对企业的归属感和忠诚度大有益处。

　　股权激励要遵循以下三条原则：一是人的价值高于物的价值。卓越的企业总是把人的价值放在首位，物是第二位的；二是共同价值高于个人价值，卓越的企业倡导团队精神、团队文化，本意就是倡导一种共同价值高于个人价值的企业价值观；三是社会价值高于利润价值，用户价值高于生产价值。

　　股权激励是对员工长期激励的一种方法，是企业为了激励和留住核心人才，而推行的一种长期的激励机制。股东为了使公司持续发展，会把员工利益和公司利益紧密地联系在一起，形成利益共同体，以此提高员工的积极性和创造性，从而实现企业的长期目标。

　　股权激励不是单纯的分福利、也不是"分饼"，因此，企业在实施股权激励过程中必须严格遵循客观规律。我们都知道，股权激励是把"双刃剑"，运用得不好，不但不能提高员工的工作积极性，反而会磨灭员工的工作热情。

实行股权激励可以激发员工的积极性，实现自身价值。

中小企业面临的最大问题之一就是人才流失。由于工资待遇差距，很多中小企业往往很难吸引和留住高素质人才。而实施股权激励，不但可以使员工的长期价值得以体现，还可以大幅度提高员工的工作积极性。与此同时，由于股权激励的约束作用，基层员工对公司的忠诚度也会有所增强。

股权激励可以缓解公司面临的薪酬压力。

大部分非上市公司都存在资金短缺的问题，而通过股权激励这样的方式，公司不但可以降低经营成本，减少现金流出，还可以提高经营业绩，留住能力强的核心人才。

股权激励是为了激励员工，平衡企业的长期目标和短期目标，因此，企业在创业和发展的过程中，要结合企业的实际情况来合理制定企业的股权激励制度。

实行股权激励还可以降低职业经理人的"道德风险"，实现所有权和经营权的分离。

非上市公司往往存在一股独大的现象，公司的所有权和经营权高度统一，从而导致公司的"三会"（股东会、董事会、监事会）制度在很多情况下形同虚设。然而随着企业的发展壮大，公司的经营权会逐渐向职业经理人转移。但是由于股东和职业经理人的追求目标不一致，他们之间很容易存在"道德风险"，这就需要建立激励和约束机制来引导和限制职业经理人的行为。

第一章

股权激励必知：股权激励相关问题解析

股权激励，是企业为了激励和留住核心人才而推行的一种长期激励机制。有条件的企业给予激励对象部分股东权益，使其与企业结成利益共同体，从而实现企业的长期目标。

第一节　股权和股权激励的定义

股权是股票持有者所具有的股票比例相应的权益。而股权激励，是对员工进行长期激励的一种方法，属于期权激励的范畴。股权激励是企业为了激励和留住核心人才而推行的一种长期激励机制。企业给予激励对象部分股东权益，使其与企业结成利益共同体，从而实现企业的长期目标。

股份公司是指公司资本为股份所组成的公司，股东以其认购的股份为限对公司承担责任的企业法人。设立股份有限公司，应当有 2 人以上 200 人以下为发起人，注册资本的最低限额为人民币 500 万元。由于所有股份公司均须是负担有限责任的有限公司（但并非所有有限公司都是股份公司），所以一般合称"股份有限公司"。

股权激励是一种让职业经理人获得公司股权，给予他们一定的经济权利，使他们能够以股东的身份参与企业决策、分享利润、承担风险，从而勤勉尽责地为公司的长期发展服务的一种激励方法。

在股份公司中，有职业经理人和股东的区分。职业经理人和股东的关系是一种委托代理关系，股东委托职业经理人经营管理自己的资产。但事实上，在委托代理关系中，由于信息不对称，股东和职业经理人之间的契约并不完全，需要依赖职业经理人的"道德自律"。

因为在股份公司内部，股东和职业经理人所追求的目标不一致，股东希望持有的股权价值最大化，而职业经理人则希望自身效用最大化。因此，股东和职业经理人之间存在"道德风险"，需要通过激励和约束机制来引导和限制职业经理人行为。

股东对职业经理人的各种激励方式中，工资是根据职业经理人的资历条件和公司情况、目标业绩预先确定，在一定时期内相对稳定，与公司的目标业绩的关系非常密切；奖金一般以超目标业绩的考核来确定职业经理人该部分的收入。奖金与公司的短期业绩表现关系密切，但与公司的长期价值关系不明显，所以，职业经理人有可能为了短期的财务指标而牺牲公司的长期利益。但是从股东投资角度来说，他们更关心的是公司长期价值的增加，尤其是对于成长型的公司来说，不仅仅是追求短期财务指标的实现。

为了达成职业经理人和股东利益的统一性，使职业经理人关心股东利益，需要使职业经理人和股东的利益追求尽可能趋于一致。对此，股权激励是一个较好的解决方案。通过使职业经理人在一定时期内持有股权，享受股权的增值收益，并在一定程度上以一定方式承担风险，可以使职业经理人在经营过程中更多地关心公司的长期价值。股权激励对防止职业经理人的短期行为，引导其长期行为具有较好的激励和约束作用。

股权激励有以下特点：

（1）长期激励

从员工的薪酬结构来看，股权激励是一种长期激励，员工的职位越高，其对公司业绩影响就越大。股东为了使公司能够持续发展，一般会采用长期激励的方法将这些员工利益与公司利益紧密地联系在一起，构筑利益共同体，减少代理成本，充分有效地发挥这些员工的积极性和创造性，从而达到公司目标。

（2）人才价值的回报机制

人才的价值回报不是简单的工资、奖金就能满足，行之有效的办法是直接对这些人才实施股权激励，将他们的价值回报与公司持续增值紧密联系起来，通过公司增值来回报他们为企业发展所作出的贡献。

（3）公司控制权激励

通过对员工进行股权激励，使员工参与企业发展经营管理决策。员工拥有部分公司控制权后，不仅会关注公司短期业绩，从而更会关注公司长远发展，并真正对自己的岗位负责。

股权激励的关键点如下：激励模式是股权激励的核心所在，直接决定了激励的效用。股权激励是为了激励员工，平衡企业的长期目标和短期目标，使企业的长期发展和战略目标得以实现。确定激励对象必须以企业战略目标为导向，即选择对企业战略成长最具有价值的人员。股权激励要与业绩挂钩，其中一个是企业的整体业绩条件，另一个是个人业绩考核指标。

第二节　职业经理人和股东的委托代理关系

代理问题是指由于代理人（职业经理人）的目标函数与委托人（股东）的目标函数不一致，加上存在不确定性和信息不对称，代理人有可能偏离委托人目标函数，而委托人难以观察和监督，从而出现代理人损害委托人利益的现象，又称为委托代理问题。

代理人和委托人在利益上存在潜在的冲突，造成冲突的直接原因是所有权和控制权的分离，究其本质原因在于信息的不对称。

（1）从委托人方面来看

股东因为缺乏有关的知识和经验，以至于没有能力来监控职业经理人；或者因为其主要从事的工作太繁忙，以至于没有时间、精力来监控职业经理人。

（2）从代理人方面来看

代理人有着不同于委托人的利益和目标，所以他们的效用函数和委托人的效用函数不同。

代理人对自己所做出的努力拥有私人信息，可能会不惜损害委托人的利益来谋求自身利益的最大化，即产生机会主义行为。

因此，现代公司所有权与控制权的分离，股东与职业经理人员之间委托—代理关系的产生，会造成一种危险：职业经理人可能以损害股东利益为代价而追求个人目标。职业经理人可能会给自己支付过多的报酬，享受更高的在职消费，可能实施没有收益但可以增强自身权力的投资，还可能寻求使自己地位牢固的目标，他们会不愿意解雇不再有生产能力的工人，或者他们相信自己是管理公司最合适的人选，而事实可能并非如此。

第三节　股权激励的三方面价值

股权激励具有三方面的价值。第一，对非上市公司来讲，股权激励有利于缓解公司资金面紧张；第二，对原有股东来讲，实行股权激励有利于降低职业风险；第三，对公司员工来讲，实行股权激励有利于激发员工工作积极性。

目前，股权激励制度主要存在于上市公司中，制度也比较完善。然而，随着社会经济的不断发展，越来越多的非上市公司也在考虑采取股权激励的方式来吸引和留住人才。

非上市公司对核心员工实行股权激励，有利于完善公司的薪酬结构，从而吸引、保留、激励优秀人才，实现多方共赢。特别是对非上市的创新型企业来讲，股权激励往往具有更加重要的作用。

（1）对非上市公司

股权激励对非上市公司来讲，有利于缓解公司面临的薪酬压力。由于绝大多数非上市公司都属于中小型企业，它们普遍面临资金短缺的问题。因此，通过股权激励的方式，公司能够适当地降低经营成本，减少现金流出。与此同时，也可以提高公司经营业绩，留住绩效高、能力强的核心人才。

（2）对原有股东

股权激励对原有股东来讲，有利于降低职业经理人的"道德风险"，从而实现所有权与经营权的分离。非上市公司往往存在一股独大的现象，公司的所有权与经营权高度统一，导致公司的"三会"（股东会、董事会、监事会）制度在很多情况下形同虚设。随着公司的不断发展、壮大，公司的经营权将逐渐向职业经理人转移。由于股东和职业经理人追求的目标不一致，股东和职业经理人之间存在"道德风险"，需要通过激励和约束机制来引导和限制职业经理人行为。

（3）对公司员工

股权激励对公司员工来讲，有利于激发员工的积极性，实现自身价值。中小企业面临的最大问题之一就是人才的流动问题。由于待遇差距，很多中小企业很难吸引和留住高素质管理和科研人才。实践证明，实施股权激励计划后，由于员工的长期价值能够通过股权激励得到体现，员工的工作积极性会大幅提高。同时，由于股权激励的约束作用，员工对公司的忠诚度也会有所增强。

第四节　股权激励中股票的种类

股权激励是一种让员工自动自发工作，让企业基业长青的方法。股权激励中股票的种类如下：

（1）股票期权

股票期权是指公司授予激励对象在未来一定期限内，以预先确定的价格和条件，购买公司一定数量股票的权利。其特点是高风险、高回报，适合处于成长初期或扩张期的企业。

（2）限制性股票

限制性股票是指按预先确定的条件，授予激励对象一定数量的本公司股票，只有满足预定条件时，激励对象才可将股票抛售并从中获利；预定条件未满足时，公司有权将免费赠予的股票收回或者按激励对象购买价格回购。这种股票适用于成熟型企业，或者对资金投入要求不是非常高的企业。

（3）股票增值权

股票增值权是指公司授予激励对象的一种权利，激励对象可通过行权获得相应数量的股价升值收益。股票增值权的行权期一般超过激励对象任期，有助于约束激励对象短期行为，适用于现金流充裕且发展稳定的公司。

（4）虚拟股票

虚拟股票是指公司授予激励对象的一种股票，激励对象可以根据被授予股票的数量参与公司的分红，并享受股价升值收益，但没有所有权和表决权，也不能转让和出售，且在离开公司时自动失效。一些非上市公司选择这种股票方式进行股权激励。

(5) 业绩股票

业绩股票是指年初确定一个合理的业绩目标、一个科学的绩效评估体系，如果激励对象经过努力实现目标，则公司奖励其一定数量的股票。业绩股票适合于业绩稳定并持续增长、现金流充裕的企业。

第五节　实施股权激励制度所需的环境

公司之所以实施股权激励制度，是为了激励和留住核心人才。企业给予激励者部分股东权益，使其与企业结成利益共同体，从而实现企业的长期目标。

股权激励是否有效，很大程度上依赖于职业经理人市场的建立和健全，只有在合适的土壤里，股权激励才能茁壮成长，发挥其引导职业经理人长期行为的积极作用。

而职业经理人的行为是否符合公司股东的长期利益，除了其内在的利益驱动外，还受到各种外在机制的影响。职业经理人的行为，是内在利益驱动和外在环境影响的平衡结果。

股权激励只是各种外在因素的一部分，它的适用需要有各种机制环境的支持，这些机制可以归纳为市场选择机制、市场评价机制、控制约束机制、综合激励机制和政策环境。

(1) 市场选择机制

市场选择机制可以保证职业经理人的素质，并对职业经理人的行为产生长期的约束作用。企业以行政任命或其他非市场选择的方法确定的职业经理人，很难与股东的长期利益保持一致，很难使激励约束机制发挥作用。

对这样的职业经理人进行股权激励是没有依据的，也不符合股东的利益。职业经理市场已经形成了很好的市场选择机制，良好的市场竞争状态将淘汰不合格的职业经理人。在这种机制下，职业经理人的价值是市场确定的，职业经理人在经营过程中会考虑自身在职业经理市场中的价值定位，而避免采取投机、偷懒等行为。在这种环境下股权激励才可能是经济和有效的。

（2）市场评价机制

只有客观有效的市场评价，才能对公司的价值和职业经理人的业绩做出合理的评价。在市场过度操纵、政府过多干预，不能保证客观公正的情况下，资本市场是缺乏效率的，很难通过股价来确定公司的长期价值，也就很难通过股权激励的方式来评价和激励职业经理人。

没有合理公正的市场评价机制，职业经理人的市场选择和激励约束就无从谈起，股权激励作为一种激励手段当然也就不可能发挥作用。

（3）控制约束机制

控制约束机制，是对职业经理人行为的限制，包括政策法规、公司规定、公司控制管理系统。良好的控制约束机制，能防止职业经理人的不利于公司的行为，保证公司的健康发展。约束机制的作用是激励机制无法替代的。

某些企业在经营中出现的问题，不仅仅是激励问题，很大程度上是约束机制的问题，加强法人治理结构的建设将有助于提高约束机制的效率。

（4）综合激励机制

综合激励机制是通过综合的手段，对职业经理人的行为进行引导。具体包括工资、奖金、股权激励、晋升、培训、福利、良好工作环境等各项具体的机制。

采取不同的激励方式，激励导向和效果是不同的，不同的企业、不同的职业经理人、不同的环境和不同的业务，对应的最佳激励方法也是不同的。公司需要根据具体情况来设计激励组合机制。其中股权激励的形式、大小，均取决于激励成本和收益的综合考虑。

（5）政策环境

政府有义务通过法律法规、管理制度等形式为各项机制的形成和强化提供政策支持，创造良好的政策环境。

我国的股权激励中，在操作方面主要面临股票来源、股票出售途径等具体的法律适用问题；在市场环境方面，政府也需要通过加强资本市场监管、消除不合理的垄断保护、政企分开、改革经营者任用方式等手段来创造良好的政策环境。

第六节　股权激励最为常见的三大模式

股权激励有以下常用三种模式：实际股份激励模式（现权激励）、虚实结合的股份激励模式（期权）、虚拟股份激励模式。

（1）现权激励

现权激励，也就是实际股权激励模式，被激励的对象直接获得公司股权，成为公司股东，享有公司股东的权利并承担相应义务，这是最直接、有效的激励方式。

股权赠予。赠予是股权激励中最激进的模式，足够表达对激励者的信任和信心，一般由企业创始人与创业团队员工签署股权赠予协议，但需要缴纳 20% 的所得税。

原值转让。相对于股权赠予，按照公司注册资本价格，由创始人将股权转让给被激励员工，可以在一定程度上减少税收，但如果公司的净资产值高于注册资本，仍需要被税务部门核定纳税，但仅就增值部分缴纳所得税。

股权代持。对于创始人授予股权的，也有采取协议方式约定股权代持关系，而不再办理股东的工商变更。通过协议明确被赠予方所持有的股权由赠予方暂为代持，被代持方虽未登记为公司股东，但从协议角度，其作为赠予方，已经完成股权赠予，受赠方虽不持有公司股权，但其股东权益受合同法的保护。基于有限公司的人合属性，应当召开股东会，通知其他股东参与，明确代持方与被代持方的关系，至少保证对内部股东的约束力。代持方式，对外部不知情的第三方并不具有对抗效力。

低价出资。由被激励的员工以较低的价格购买创始团队股权，或者以较低的价格增资成为公司股东。两种模式，后者更适合。股权转让方式是创始人与激励对象之间发生交易，股权转让的价款直接给了创始人，没有发挥资金对企业的最大效用；而员工出资方式，资金直接进入创业企业，更能发挥资金效能，对于被激励的对象也更有激励作用。

（2）期权

期权是一种虚实结合的股份激励模式。由公司设定一个优惠条件，给员工在未来某个时点购入公司股权的权利。员工可以根据行权时公司的状况，选择购买或者不购买股票。

虚实结合的股份激励模式，规定在一定期限内实施虚拟股票激励模式，到期时再按实股激励模式将相应虚拟股票转为应认购的实际股票。如管理者期股模式、限制性股票计划模式等。

股份期权是上市公司股权激励中最常用的手段，对于非上市公司，由于激励标的并非股票二级市场上交易的股票，因此并不涉及行权时的公开市场价。但对于创业企业，由于其股权的价值，与其业绩、行业空间、产品等都有极大的关系，所以，创业公司可以考虑期权模式，并辅之以明确的行权条件，以达到激励效应。

期权定价。创业公司所属行业的差异很大，期权价格定价因素也完全不同。可以根据公司的净资产值、业绩目标综合来确定，在利润增长率、净资产收益率等基础上，计算未来期权的定价。还可以参考同类创业公司私募股权投资估值，将员工股权激励标准在此基础上进行折价。期权价格的关键是对公司未来市场价值有明确的核算，并以此给予员工足够的优惠折价。

行权条件。在确定期权价格的基础上，依据公司发展预期目标，设定激励对象购入股权的条件，一旦达到既定行权条件，员工则有权决定予以实施。具体行权条件，可以参考公司的主要业绩目标。例如，一些社交类的互联网创业公司，更多考核活跃用户数，对于电商平台，更在于交易流水量等。

行权时点。期权方案在股东会审议通过后，即可确定一个合理期限实施。一般期权授权日与获授期权首次可行权日之间的间隔不少于 1 年，以避免短期利益的调节。

（3）虚拟股权

虚拟股权一般只有分红权，而无其他股权权能，虚拟股权的股东不会出现在工商登记的股东名册上，除非经第三方认可，一般并不具有外部对抗效力。

虚拟股比例。虚拟股份数额一般不会设定超过注册资本的 10%（也有例外），以免会影响其他实际持有股份者的权益。当然也不能设定太少，否则无法发挥激励效应。

虚拟股价格。员工获得虚拟股有两种情形，一种是需要真实出资，出资不计入公司的实收资本，而是挂在公司的其他应付款上；另一种则不需要出资，由公司确定虚拟股份比例即可。对于购入虚拟股份的员工，买入资金来源可分为两部分：公司的税后利润中扣除一部分资金用于员工买入（相当于创始人的赠予），也可以在员工奖金中扣除一部分（这个需要事先明确机制再扣除）；买入价格，可以按照公司净资产值确定，也可以是其他定价机制。

虚拟股分红。分红是在确定公司当年分红业绩后，根据虚拟股份的占比进行实际分配。虚拟股的实施，对创业公司的现金流要求比较高。

我们来看看华为公司的股权激励。

华为公司内部股权计划始于 1990 年，即华为成立三年之时。华为从成立之初，主要实施了 4 次大型的股权激励计划。

（1）创业期股票激励

创业期的华为，一方面由于市场拓展和规模扩大需要大量资金，另一方面为了打压竞争者需要大量科研投入，加上当时民营企业的性质，出现了融资困难的情况。因此，华为优先选择内部融资。内部融资不需要支付利息，存在较低的财务困境风险，不需要向外部股东支付较高的利息，同时可以激发员工努力工作的热情。

1990年，华为第一次提出内部融资、员工持股的概念。当时参股的价格为每股10元，以税后利润的15%作为股权分红。那时，华为员工的薪酬由工资、奖金和股票分红组成，这三部分占比几乎相当。其中，股票是在员工进入公司一年以后，依据员工的职位、季度绩效、任职资格状况等因素进行派发，一般用员工的年度奖金购买。如果新员工的年度奖金不够派发的股票额，公司会帮助员工获得银行贷款购买股权。

华为采取这种方式融资，一方面减少了公司现金流风险，另一方面增强了员工的归属感，稳住了创业团队。也就是在这个阶段，华为完成了"农村包围城市"的战略任务，1995年销售收益达到15亿元人民币，1998年将市场拓展到中国主要城市，2000年在瑞典首都斯德哥尔摩设立研发中心，海外市场销售额达到1亿美元。

（2）网络经济泡沫时期的股权激励

2000年网络经济泡沫时期，IT业（信息技术产业）受到毁灭性影响，融资出现空前困难。2001年年底，由于受到网络经济泡沫的影响，华为迎来发展历史上的第一个冬天，此时华为开始实行名为"虚拟受限股"的期权改革。

虚拟股票的发行，维护了华为公司管理层对企业的控制能力，防范了一系列管理问题的出现。

华为公司还实施了一系列新的股权激励政策：新员工不再派发长期不变的一元一股的股票；老员工的股票也逐渐转化为期股；以后员工从期权中获得收益的大头不再是固定的分红，而是期股所对应的公司净资产的增值部分。期权比股票的方式更为合理。华为规定根据公司的评价体系，员工获得一定额度的期权，期权的行使期限为4年，每年兑现额度为1/4，即假设某人在2001年获得100万股，当年股价为1元/股，其在2002年后逐年可选择四种方式行使期权：兑现差价（假设2002年股价上升为2元，则可获利25万元；以1元/股的价格购买股票；留滞以后兑现；放弃（即什么都不做）。从固定股票分红向"虚拟受限股"的改革，是华为激励机制从"普惠"原则向"重点激励"的转变。下调应届毕业生底薪，拉开员工之间的收入差距即是此种转变的反映。

（3）"非典"时期的自愿降薪运动

2003年，尚未挺过泡沫经济的华为，又遭受SARS（非典型肺炎）的重创，出口市场受到影响，同时和思科公司之间的产权官司，直接影响华为的全球市场。华为内部以运动的形式，号召公司中层以上员工自愿提交"降薪申请"，同时进一步实施管理层收购，稳住员工队伍，共同渡过难关。

2003年的这次配股，与华为以前每年例行的配股方式有三个明显差别：一是配股额度很大，平均接近员工已有股票的总和；二是兑现方式不同，往年积累的配股即使不离开公司也可以选择每年按一定比例兑现，一般员工每年兑现的比例最大不超过个人总股本的1/4，对于持股股份较多的核心员工，每年可以兑现的比例则不超过 1/10；三是股权向核心层倾斜，即骨干员工获得配股额度大大超过普通员工。

此次配股规定了一个 3 年的锁定期，3 年内不允许兑现，如果员工在 3 年之内离开公司，则所配的股票无效。华为同时也为员工购买虚拟股权采取了一些配套的措施：员工本人只需要拿出所需资金的 15%，其余部分由公司出面，以银行贷款的方式解决。自此改革之后，华为实现了销售业绩和净利润的突飞猛涨。

（4）新一轮经济危机时期的激励措施

2008 年，美国次贷危机引发的全球经济危机，给世界经济发展造成重大损失。

面对本次经济危机的冲击和经济形势的恶化，华为又推出新一轮的股权激励措施。2008 年 12 月，华为推出"配股"公告，此次配股的股票价格为每股 4.04 元，年利率逾 6%，涉及范围几乎包括了所有在华为工作一年以上的员工。

由于这次配股属于"饱和配股"，即不同工作级别匹配不同的持股量，比如级别为 13 级的员工，持股上限为 2 万股，级别为 14 级为 5 万股。大部分在华为总部的老员工，由于持股已达到其级别持股量的上限，并没有参与这次配股。之前有业内人士估计，华为的内部股在 2006 年时约有 20 亿股。

按照上述规模预计，此次的配股规模在 16 亿～17 亿股，是对华为内部员工持股结构的一次大规模改造。这次的配股方式与以往类似，如果员工没有足够的资金实力直接用现金向公司购买股票，华为以公司名义向银行提供担保，帮助员工购买公司股份。

华为公司的股权激励历程说明，股权激励可以将员工的人力资本，与企业的未来发展紧密联系起来，形成一个良性的循环体系。员工获得股权，参与公司分红，实现公司发展和员工个人财富的增值。与股权激励同步的内部融资，可以增加公司的资本比例，缓冲公司现金流紧张的局面。

华为公司股权激励取得成功的原因是什么？

第一，双向晋升通道保证员工的发展空间。技术和管理属于两个领域，一个人往往不能同时成为管理和技术专业人才，但是两个职位工资待遇的差别，会直接影响科研技术人员的努力程度。为了解决这一困境，华为公司设计了任职资格双向晋升通道。

新员工首先从基层业务人员做起，然后上升为骨干，员工可以根据自己的喜好，选择管理人员或者技术专家作为自己未来的职业发展道路。在达到高级职称之前，基层管理者和核心骨干之间，中层管理者与专家之间的工资相同，同时，两个职位之间还可以相互转换。而到了高级管理者和资深专家的职位时，管理者的职位和专家的职位不能改变，管理者的发展方向是职业经理人，而资深专家则是专业技术人员。

华为公司的任职双向通道考虑到员工个人的发展偏好，给予了员工更多的选择机会，同时将技术职能和管理职能平等考虑，帮助员工成长。除了任职资格双向晋升通道外，华为公司给新员工都配备一位导师，在工作和生活上给予关心和指导。当员工成为管理骨干时，还将配备一位有经验的导师给予指导。

华为公司完善的职业发展通道和为员工量身打造的导师制度，能够有效地帮助员工成长，减少优秀员工的离职率。

第二，重视人力资本价值，稀释大股东比例。股权激励并非万能，当股权激励的力度不够大时，股权激励的效果也相当有限。华为公司刚开始所进行的股权激励是偏向于核心的中高层技术和管理人员，而随着公司规模的扩大，华为公司有意识地稀释大股东的股权，扩大员工的持股范围和持股比例，增加员工对公司的责任感。

华为公司对人力资本的尊重还体现在华为公司的规章制度中。华为公司的规章制度指出："我们认为，劳动、知识、企业家和资本创造了公司的全部价值"；"我们是用转化为资本这种形式，使劳动、知识以及企业家的管理和风险的累积贡献得到体现和报偿；利用股权的安排，形成公司的中坚力量和保持对公司的有效控制，使公司可持续成长"。这说明股权激励是员工利用人力资本参与分红的政策之一。

华为公司重视人力资本还体现在对研发的投资上。公司每年都将销售收入的10%投入科研中，这高出国内高科技企业科研投资平均数的一倍多。在资源的分配上，华为公司认为管理的任务就是使最优秀的人拥有充分的职权和必要的资源去实现分派给他们的任务。

第三，有差别的薪酬体系。通过薪酬体系来达到激励的目的，首先要设立有差别的薪酬体系。华为通过股权激励，不仅使华为成为大部分员工的公司，同时也拉开了员工工资收入水平的差距。近几年随着华为公司的发展，分红的比例有了大幅上升，分红对员工收入的影响达30%以上，这对员工而言很有激励性。

股权激励除了薪酬结构需要有激励性，还需要绩效考察有公平性。华为公司对员工的绩效考核采取定期考察、实时更新员工工资的方法。员工不需要担心自己的努力没有被管理层发现，只要努力工作就行。华为公司的这种措施保证了科研人员比较单纯的竞争环境，有利于员工的发展。华为公司股权分配的依据是：可持续性贡献，突出才能、品德和所承担的风险。股权分配向核心层和中坚层倾斜，同时要求股权机构保持动态合理性。

在保持绩效考核合理性的同时，为了减少或防止办公室政治，华为公司对领导的考察上也从三维角度进行，即领导个人业绩、上级领导的看法以及领导与同级和下级员工的关系。领导正式上任前要通过六个月的员工考核，业绩好只代表工资高，并不意味着会被提升。这样的领导晋升机制从道德角度、利益角度约束了领导的个人权利，更加体现了对下级员工意见的尊重。

第四，未来可观的前景。股权激励不是空谈股权，能在未来实现发展和进行分红是股权激励能否成功实施的关键。在行业内华为公司领先的行业地位和稳定的销售收入成为其内部股权激励实施的经济保证。

华为公司在移动设备市场领域排名全球第三。华为公司的产品和解决方案已经应用于全球 100 多个国家，服务全球运营商前 50 强中的 36 家。2008 年很多通信行业业绩下滑，而华为公司实现合同销售额 233 亿美元，同比增长 46%，其中 75% 的销售额来自国际市场。

华为公司过去现金分红和资产增值是促使员工毫不犹豫购买华为公司股权的因素之一。近几年随着华为的快速扩张，华为公司内部股实现了大幅升值。2002 年，华为公司公布的当年虚拟受限股执行价为每股净资产 2.62 元，2003 年为 2.74 元，到 2006 年每股净资产达到 3.94 元，2008 年该数字已经进一步提高为 4.04 元。员工的年收益率达到了 25%~50%。如此高的股票分红也是员工愿意购买华为公司股权的重要原因。

| 第二章 |

需求分析：企业实施股权激励的必要性

股权激励不是上市公司的专利，对于非上市公司而言，股权激励不但是可行的，也是必要的。不上市的华为公司，凭借员工持股所迸发出的工作激情，演绎了令人称道的"土狼传奇"。

第一节　股权激励是顺应人性而不是满足人性

这是一个共享经济时代，做事既要做到顺应产业潮流，更要创造社会效益。站在不同的立场上，员工和老板所代表的利益不同，虽然同在一家企业，却往往是对立的，各怀心思。员工把青春甚至自己的一生都献给了企业，而企业的未来和溢价却和员工没有关系，这显然是不公平的，而股权激励可以改变这种对立的状况。

股权激励作为一个行之有效的激励方法，开始走进越来越多人的视野。股权激励是顺应人性，而不是满足人性。

（1）宁为鸡头不为凤尾

大多数打工者都有这种心理：宁为鸡头不为凤尾。所以员工是不愿意一辈子给别人打工，一旦有条件有机会，就会选择为自己干事情而抛弃老板。那么，老板面临一个严峻挑战，就是怎么去激励员工，既让他为自己干事情，又不会抛弃老板。

这就是股权激励发挥作用的时刻了。通常，比较有效的方法是：老板给员工股份。比如企业去挖人，一般会说：你在这里干多长时间都还只是个员工，你来我这里，我给你股份。这样就很容易把人挖过来，从这个角度看，给股份是很吸引人的。

（2）管理群体的变化

在企业员工中，85后、90后逐渐成为工作的新生代甚至主力军，这个群体更加自主，更加个性，更加张扬，更加不服从传统的管理，更不愿意遵守过去层级式、教条式的管理，这个群体更多要求的是自主，更加看好创新式自我经营。

现在社会上流传着这样一句话：70后既愿意上班又愿意加班，80后只愿意上班不愿意加班，90后既不愿意上班也不愿意加班。这是一个社会现象，我们不需要去讨论这个现象的对与错、利与弊，因为这个社会终将是85后、90后的天下。我们没有办法回避这个群体，我们需要做的就是如何根据这个群体的特性来考虑、设计适合他们的激励模式，让这群新生力量发挥应有的作用。

（3）关注未来的安全

关注未来的安全，是每个人骨子里普遍存在的特性之一。中国人不仅仅要求现在有丰厚的物质收入，更关注未来有安全稳定的收益。

从这个角度来看，如果有一种激励方式能让企业的员工对未来有一定的安全感，这种激励方式就会深受欢迎，具有绝对的吸引力和凝聚力。股权激励就是这样一种激励方式。当一个员工对未来有了安全感，就不会锱铢必较，只顾眼前利益，而是会为了自己未来的安全主动去维护企业的安全和发展。所以，如何给员工安全感是每一个老板必须关注的事情。

（4）尊重人力资本

历史上的晋商，把股东分为两类：银股股东和身股股东。顾名思义，银股股东就是货币资本的出资人，身股股东就是人力资本的出资人。有钱的人出钱占银股，没钱的人出人占身股。晋商把人力资本和货币资本同等看待。

老板如果把人力资本的出资人仅仅当作是打工者看待，从人性的角度上来说这是对人的不尊重，把钱看得比人更重。但是钱是死的，人是活的，人能成事也能坏事。老板给员工一定的股权包括股权激励，其实是在拿人当人看，是把人的能力和货币当作同等资本去看待，这是回归到人性的本质上，重新对人性的认识，是真正的以人为本。

（5）利益分配的公平性

在企业经营中，老板和员工一起努力，才能有预期的收益。老板和员工之间是一种相互依存的关系，任何一方都不可能独立存在。老板搭建了平台给员工，员工的劳动成就了老板的平台运转，这样的一种依存关系，利益应该如何分配才公平？

老板通常给员工的仅仅是工资和奖金，而没有分配的、结余的部分都是老板的，未来投资的收益也都是老板的。作为一名员工，把青春甚至自己的一生都献给了企业，而未来的溢价却都和自己没有任何关系，这显然是不公平的。所以，老板给员工一个未来，把未来的溢价分一部分给员工，才是公平的，才能维护好这种相互依存的关系，让公司的平台运转良性循环。

（6）把职业经理人变成自己人

作为企业的代理人，职业经理人的使命注定了他不会过多考虑企业的长远利益，但是如果给了职业经理人股份，那么他和老板就成了一个利益共同体，可以分的不仅是短期利益，还有长期利益，这就可以很好地防止职业经理人的短期行为。

如果不能把职业经理人变成自己人，那么职业经理人可能就会利用自己和老板之间的信息、利益、资源等各种的不对称，采取短期行为达成自己的短期利益，伤害企业和老板的长期利益，然后拍屁股走人，留下一个千疮百孔的企业给老板。如果职业经理人和老板的利益是一致的，职业经理人就会以主人的心态安排企业的行为，避免短期行为，保证企业的良性运行，从而保护企业的资产，保护企业健康发展。

第二节　股权激励的核心在于激发人的动力

驯兽场上，一名驯兽师正在训练一头黑熊跟着她一起跳绳，她跳熊也跳，她落熊也落。相信大家都会为黑熊的表演而喝彩。黑熊无法用语言和人沟通，为什么能够在驯兽师的指引下做出那么多高难度的动作呢？这样的奇迹是如何造就的？驯兽师被称为"动物的魔术师"，他们在训练黑熊时，经常会用夸奖、抚摸、食物奖励等办法，用他们的职业术语来讲就是"正激励训练法"——以积极的鼓励、奖励为主来训练黑熊。

心理学家还做过这样一个试验，将幼儿园的儿童分成 A、B 两组。A 组儿童无论做了什么事，老师都会找出优点称赞他们；对 B 组儿童，老师的态度相反，无论他们做了什么事，老师都会找出缺点来批评他们。经过一段时间后，A 组儿童无论在智力、个人自理能力等各个方面都比 B 组儿童胜出一筹。

事实上，早在几十年前，哈佛大学著名的心理学家斯金纳教授就发现，如果一种行为获得了积极的回馈，那么人们就会重复这种行为；如果一种行为产生了消极的后果，甚至会受到惩罚，那么人们就会减少这种行为。这种现象在我们生活中也无处不在。

张经理叫助理小王今天帮忙把茶杯洗一下，交代完之后，张经理就忙公司事务去了，忙得忘记督促检查小王是否执行了。第二天一上班，当张经理拿起茶杯准备喝水时，发现茶杯完全没洗过。张经理很生气，就把小王叫过来骂了一通。小王说："经理，昨天有个重要客户过来，我一直在忙着接待，把你这事给忘了，对不起。"小王又是羞愧又是委屈。难道真忙得连洗个茶杯也没空吗？其实不是，人们不会做你希望的事，只会做你要检查的事。张经理心想，既然是自己忘了督促，也就没有深究，小事情就算了。

又有一天，张经理还是交代小王把茶杯帮忙洗一下。这次张经理没有忘记，忙碌中也要中途探下脑袋去看看杯子洗了没有。结果都到中午了，杯子还是没有洗。张经理再次生气，把小王找了过来，小王反叫板道："经理，我在赶着把你的计划书整理完毕今天下班前交给你，要是今天给不到你，你也无法向公司交差呀，那个杯子你洗一下不也完事了吗？"张经理是恼火得气不打一处来。

从该案例可以得出一个结论，下属也不会积极做你检查的事，只会积极做你要奖罚的事。如果当张经理第二次交代小王洗杯子的时候说："小王，把杯子洗一下，要是午餐前我看到杯子没有洗，今天部门同事的午餐你请客哦（半开玩笑）。"试想一下，小王是否会把这件事记在心里？肯定会。

综上所述：人们不会积极做你希望的事，只会积极做你要检查的事；下属也不会积极做你要检查的事，只会积极做你要奖罚的事。

奖与罚都是激励的方式。奖称为"正激励"，即对好的行为给予积极正面的回馈，以刺激人们继续好的行为；罚称为"负激励"，即对不好的行为给予负面的回馈，以抑制不良行为的再次发生。

我们提倡管理中尽可能多地使用正激励，减少负激励。惩罚是管理的无奈，万不得已才使用。同时要明确，惩罚的目的不是整人，而是希望收获好的结果。一代教育家陶行知先生的做法能给我们很大启示。

有一天，陶行知先生在校园里看到一个叫王友的同学用泥块砸自己班的同学。为了教育这个孩子，陶行知先生叫这名小同学放学后到校长办公室去。

放学后，陶老一回到校长室，只见王友小同学已经等在门口准备挨训了。可是一见面，陶老却掏出了一块糖送给他，说："这是奖给你的，因为你按时到来，而我却迟到了。"

小王友疑惑地接过糖果。随后，陶老又掏出了第二块糖果放到他的手里，说："这块糖也是奖给你的，因为当我让你停止打人时，你立即就住手了，这说明你很尊重我，我应该奖励你。"

小王友惊讶了，眼睛瞪得大大的。陶老又掏出第三块糖塞到他手里，说："我调查过了，你用泥块砸那个男生是因为他们不遵守游戏规则，欺负女生。你砸他们，说明你正直善良，勇于跟坏现象作斗争，我应该奖励你。"

小王友感动极了，他流着眼泪后悔地说："陶……陶校长，你打我两下吧。我错了，我砸的不是坏人，而是自己的同学呀……"

陶老满意地笑了，他随即掏出第四块糖递过去，说："你正确地认识错误，我再奖给你一块糖。可惜我只有这一块了，我的糖用完了，我们的谈话也该结束了。"小王友开心地笑了。

当年，海尔在推广"6S"① 管理时，在工厂设了一个"6S"脚印，要是谁没有做好，就得在上面罚站，这一做法在国内管用，起到很好的效果。可是一到国外，由于文化差异，老外就不会买账。海尔立刻改变了方式，改为谁在"6S"管理上做得好，谁就站上去接受全厂员工的祝贺，也就是由"负激励"改为"正激励"。

这一招起到意料之外的更好效果，极大地给予优秀员工被重视、被肯定的成就感和荣誉感。员工人人争取优秀，争取站上"6S"脚印。相反，在员工心目中，谁要是没有站过"6S"脚印，在同事面前就有点抬不起头来。

IBM 公司有一个"百分之百俱乐部"，任何一位员工在完成年度任务的那一刻，就自动成为该俱乐部会员，他和他的家人就将被公司邀请参加隆重的聚会。结果是，公司所有的员工都把获得"百分之百俱乐部"会员资格作为在公司工作的最大奋斗目标，争取获得荣耀。这就是 IBM 在鼓励什么，就给员工什么激励。这种激励信号，强烈地指引员工奋斗的方向：公司是一家什么样的公司，在鼓励什么，反对什么，

---

① 即"6S 大脚印"方法，是海尔在加强生产现场管理方面独创的一种方法。

作为员工你不需要猜测，你只要按公司奖励的行为去做就好了。

激励不只是工资，不只是绩效考核。绩效考核要从市场交换规则的角度来考虑公平性，要保证员工投入和产出的公平感。激励也不需要从市场交换角度讲究公平感。它主要考虑两个因素，一个是考虑是否能激励出更多的好人好事，另一个是考虑能否建立新局面、新规则。一句话，你要强调什么，就可以激励什么。

第三节　企业实施股权激励的四个目的

马斯洛认为，人有各类需求，人的行为过程就是满足需求的过程。他把人的各种需求，归纳为五个层次，即生理需求、安全需求、感情和归属需求、地位或受人尊重需求、自我实现需求。一般来讲，只有在较低级别的需求得到满足后，较高级别的需求才会发展起来。

针对需求层次理论来说，人首先要满足生理需求，有衣服穿，有饭吃，才有心思做别的。吃饱了以后，然后要追求安全感，环境的安全也好，身体的安全也好，心理的安全也好。

"安而后能虑"，开始考虑社交的事情，有社交的需求，想交一些朋友，有朋友在一起才更有安全感，所谓的远亲不如近邻，也可以在志同道合的朋友那里，找到心理上的满足感。

在交朋友的过程中，希望得到别人的尊重，最起码有人愿意听他的观点，他在团队中是被接纳和认可的，也就是满足了尊重的需求。最后他的境界提升了，想为祖国和人民做一些贡献，为社会做些什么，为身边的人做些什么，想活得更有价值，从而满足了自我实现的需求。

股权激励的目的，其实也是在满足员工的需求。盛大、百度、新东方等公司陆续上市后，通过股权期权这一独特的"创富机器"，造就了千百个百万富翁。由此可见，"股权激励"被越来越多的企业重视和运用。

如今中国市场经济体制逐步规范，而国内企业中大多缺乏科学的股权激励体系设计方案。国内企业以前对于人员激励，只有单纯的工资和奖金。而随着人力资本重要性的愈发凸显，如何留住技术与管理骨干，对于一家企业的发展而言至关重要。一个行业或公司发展到一定阶段，必须考虑股权激励等形式。

中国在股权激励方面的市场潜力和前景很大。因此建立一套规范、公平、竞争力强的股权体系，是国内企业亟须解决的难题。

S公司是北京一家大型自主研发企业，近年来市场一片大好，公司进入高成长期。但令大股东担忧的是，团队的工作士气开始有下降的征兆，高层次人才流失率有不断上升的趋势。为转变员工的工作心态，保留核心骨干员工，公司尝试推行股权激励计划。

谈到股权激励的构想，S公司认为：第一，合理确定每位员工的股权授予数量，避免分配不公；第二，合理确定股价，确保激励对象能按个人实际付出分享公司的经营成果；第三，确定适合公司的激励方式，既操作简单，又有激励效果；第四，合理确定激励周期，既不使员工觉得遥不可及，又要规避一些员工的短期行为。

调查发现，S公司目前采用的是"拍脑袋"式的薪酬激励方式，没有科学的依据，激励机制缺乏公平性和竞争性，也没有长期留人手段。这是导致员工士气低落、人才流失的主要原因。为从根源上解决这一问题，S公司需要从管理机制、战略规划、企业文化、薪酬结构、考核方式等方面进行深入分析，并在此基础上拟定系统的股权激励方案。其关键点如下：

第一步，从人力资本附加值、历史贡献、难以取代程度三个方面确定激励对象范围。

在一定程度上来说，无原则地扩大激励对象范围是产生股权纠纷的根源所在。所以，确认激励资格，应从人力资本附加值、历史贡献、难以取代程度三个方面予以考察。

从人力资本附加值来看，激励对象应该能够对公司未来的持续发展产生重大影响，毕竟，着眼于未来才是股权激励的根本目的。从历史贡献来看，激励对象应该对公司过去的经营业绩增长或管理能力提升做出了突出贡献，尊重历史贡献是避免出现内部争议风波的基础。从难以取代程度来看，激励对象应该包括那些掌握核心商业机密和专有技术的特殊人力资本持有者，关注难以取代程度，是保护企业商业机密的现实需要。

根据以上原则，S公司将激励对象分成了三个层面：第一层面是核心层，为公司的战略决策者，人数约占员工总数的1%~3%；第二层面是经营层，为担任部门经理以上职位的管理者，人数约占员工总数的10%；第三层面是骨干层，为特殊人力资本持有者，人数约占员工总数的15%。

第二步，进行人力资本价值评估，结合公司业绩和个人业绩的实现情况，综合确定激励力度。

激励人还是激励人所在的岗位？这是个争论不休的话题。关于"对人还是对岗"这个难题，需要上升到企业的发展阶段及面临的管理主题这个层面来考察。

对于处在成长期的企业来说，业务模式尚不固定，兼岗、轮岗现象非常普遍，很难用一个固化的岗位说明书来界定员工的工作内容。在这种情况下，岗位价值不应该成为确定股权激励力度的依据。对于处在成熟期的企业来说，其业务模式趋于固化，员工的能力发挥在很大程度上取决于其所在的岗位，"统一、规范、有序"成为企业的管理主题。此时，进行基于岗位价值的评估，对于确定股权激励力度来说非常重要。鉴于S公司尚处在成长期，应以人力资本价值评估为依据来确定员工的初始激励力度。

值得一提的是，无论对人激励，还是对岗激励，固化激励额度的做法都是不妥当的。为此，可以引入股权激励的考核机制，并且将考核分为公司绩效、部门绩效（或项目绩效）、个人绩效三个层面。对于层面比较高的员工，强化对公司绩效的考核；对于层面稍低的员工，强化对个人绩效的考核。根据考核成绩从高到低划分成S、A、B、C、D五个等级，按考核等级确定最终激励额度，依次为1.2倍、1.1倍、1.0倍、0.8倍、0倍。

第三步，按激励层面确定激励方式。

激励效果不仅取决于激励总额，还取决于激励方式。确定激励方式，应综合考虑员工的人力资本附加值、敬业度、员工出资意愿等方面。结合S公司的实际情况，相应的激励方式如下：

对于附加值高且忠诚度高的员工，采用实股激励，以使员工体会到当家做主的感觉。参照上市公司股权激励的相关规定（用于股权激励的股本比例不得超过总股本的10%），结合S公司的股本结构及激励期内预期业务增长情况，用于实股激励的股本数量为500万股（约占公司总股本的5%）。个人授予量根据人力资本价值予以确定，即个人授予量 = 500万股 × 个人人力资本价值/∑个人人力资本价值。

对于不愿出资的员工，采用分红权激励和期权激励，以提升员工参与股权激励的积极性。分红权数量取决于激励对象的人力资本价值及激励期的每股分红额，即个人获授分红权数量＝个人人力资本价值／每股分红额。期权授予量取决于人力资本价值及激励期内的股价增长情况，即个人获授期权数量＝个人人力资本价值／每股价差收益。

第四步，按企业战略确定股价增长机制。

股权激励之所以能调动员工的积极性，重要的一个原因就是，激励对象能够通过自身的努力影响激励成果的大小和实现概率。选取恰当的激励标的物，可以实现企业与员工双赢。

确定激励标的物，应综合考虑这样四个因素：第一，激励标的物必须与公司的价值增长相一致；第二，激励标的物的价值评定应该是明确且令人信服的；第三，激励标的物的数值应该是员工可以通过自身努力而影响的；第四，公开激励标的物时应不泄露公司的财务机密，这一条对非上市公司而言非常重要。

对照上述标准，结合S公司所处的发展阶段及财务管理现状，选取了销售额这一增长类指标作为股价变动的标的物。考虑到销售额增长率与净利润或净资产的增长率并非一一对应，结合S公司的历史财务数据，将股价增长率确定为销售额增长率的60%（可由董事会根据当期实际经营情况予以适当调整）。举例说，如果目标年度销售额相对于基期销售额的增长率为50%，则股价增长率为30%。

第五步，综合企业的战略规划期、员工的心理预期、工作性质确定激励周期。

若要产生长期激励效用，股权激励必须分阶段来推进，以确保员工的工作激情能够得以延续。划分激励时段，可参照企业的战略规划期、员工的心理预期、工作性质三个方面进行综合确定。

一方面，作为支撑企业战略实现的激励工具，股权激励的周期应与企业的战略规划期相匹配；另一方面，股权激励旨在通过解除员工的后顾之忧来赢取员工的忠诚。过长的激励周期会弱化激励效果，无法调动员工的参与欲望，但过短的激励周期又会使一部分员工产生投机念头。最后，企业之所以采用股权激励制度，也是因为某些岗位的工作成果无法在短期内呈现出来，所以股权激励的周期设置还应考虑激励对象的工作性质。

根据 S 公司的实际情况，将股权激励的授予期设为 3 年，按 3:3:4 的比例，每年 1 次，分 3 次授予完毕，同期股权的解锁及期权的兑现亦分 3 年期实施，这样，一项股权激励计划的全部完成就会延续 6 年。之所以设成循环机制，其原因在于，在激励的同时施加必要的约束——员工中途任何时刻想离开企业，都会觉得有些遗憾，以此增加其离职成本，强化长期留人的效用。

第六步，签署授予协议，细化退出机制，避免法律纠纷。

为规避法律纠纷，在推行股权激励方案前应事先明确退出机制。参照《劳动合同法》，结合研发型企业的工作特点，S 公司可从三个方面界定退出办法：

一、对于合同期满、法定退休等正常的离职情况，已实现的激励成果归激励对象所有，未实现部分则由企业收回。若激励对象离开企业后还会在一定程度上影响企业的经营业绩，则未实现部分也可予以保留，以激励其能继续关注公司的发展。

二、对于辞职、辞退等非正常退出情况，除了未实现部分自动作废之外，已实现部分的收益可适度打折处理。

三、对于只出勤不出力的情况，退出办法可以规定，若激励对象连续两次考核不合格，则激励资格自动取消，即默认此激励对象不是公司所需的人力资本，当然没有资格获取人力资本收益。

在确定股权激励方案后，与激励对象签署股权授予协议是一个不可或缺的环节。这是股权激励正式实施的标志，也是对双方权利和义务的明确界定。

实行股权激励的目的主要是：提高业绩、回报老员工、吸引并留住人才、降低成本压力。

（1）提高业绩

实施股权激励，可以帮助员工端正工作心态，从而提高企业的凝聚力和战斗力，提升企业业绩。从雇员到股东，从代理人到合伙人，这是员工身份的质变，而身份的质变必然带来工作心态的改变。过去是为老板打工，现在自己成了企业的"小老板"。工作心态的改变定然会促使"小老板"更加关心企业的经营状况，也会极力抵制一切损害企业利益的不良行为。

（2）回报老员工

实施股权激励，有利于规避员工的短期行为，维持企业战略的相生性，给老员工以回报。据调查，"缺乏安全感"是导致人才流失的一个关键因素，也正是这种"不安全感"使员工的行为出现了短期性，进而危及企业的长期利益。而股权授予协议书的签署，表达了老板与员工都想长期合作的共同心愿。员工股权是老板对老员工长期工作的一种回报，同时，也是对企业战略顺利推进的一种长期保障。

(3) 吸引并留住人才

实施股权激励，有利于吸引外部优秀人才，为企业不断输送新鲜血液。对于员工来说，其身价不仅取决于固定工资的高低，更取决于其所拥有的股权或期权的数量和价值。另外，拥有股权或期权也是一种身份的象征，是员工满足自我、实现需求的重要筹码。所以，吸引和保留高层次人才，股权激励不可缺少。

(4) 降低成本压力

实施股权激励，有利于降低即期成本支出，为企业顺利"过冬"储备能量。金融危机的侵袭会使企业对每一分现金的支出都表现得格外谨慎，尽管员工是企业"最宝贵的财富"，但在金融危机中，捉襟见肘的企业也体会到员工有点"贵得用不起"。股权激励，作为固定薪酬支付的部分替代，能在很大程度上实现企业与员工的双赢。

鉴于上述内容，股权激励受到越来越多非上市公司的追捧和青睐。

第四节 股权激励为什么得不到员工认可

许多企业都在做股权激励，但在有些企业却没有起到真正的激励作用，反而起到负面激励，这是为什么呢？原因有三：一是没有参与感；二是没有价值感；三是没有公平感。

1. 没有参与感

（1）创始人独占梦想，而不分享梦想

很多创业公司的激励股权，都存在三大硬伤：投资风险很大；回报周期长；公司上市前流动性极差。员工认可激励股权的价值，很多是基于对公司所从事的领域与公司 CEO 能力与魅力的认可。公司创始人要成为一个贩卖梦想的人，把梦想卖给团队。而随着公司规模的不断壮大，公司创始人独占梦想，而不分享梦想。

（2）员工被动选择，而不是主动选择

很多公司做员工激励，让员工感觉是搞摊派。但从人性上来讲，每一个人都会对自己的主动选择负责任，而对被动选择却很难承担责任。因此，公司可以把激励股权做成薪酬包一部分，让员工主动选择。比如，假设员工的年薪是 15 万元，公司可以给员工三个选择：100% 年薪加一点股票；80% 年薪，少领的 20% 年薪以股票支付；50% 年薪，少领的 50% 年薪以股票支付。

（3）公司封闭信息，而不是公开信息

关于股权信息是否需要公开，是很多创业公司经常会遇到的尴尬两难问题。公开，担心出现问题。不公开，员工互相猜测也会出现问题。

很多做员工股权激励的公司，都有资本市场的计划。对于员工激励股权的信息，不存在是否公开的事情，只存在早公开晚公开的事情。因此，公司股权的发放，要相对公平合理。对于股权发放的标准，要公开，且要相对公平合理。

2. 没有价值感

（1）补偿，而不是激励

对于工作潜能，体力劳动者之间表现差异不大。比如，从中关村到国贸，最差的司机可能需要 1 小时，最好的司机可能也要 50 分钟。但是，脑力劳动者之间，优秀人才和平庸人才的差异有可能是 50 倍甚至 100 倍。所以对于轻资产、互联网企业，包括"互联网＋""＋互联网"企业，股权激励的出发点是激励出他们的最大潜能，而不是简单按照工资标准进行补偿。

（2）股数，而不是价值

员工经常会拿其他公司的股权做比较，要求多拿股票。比如，技术总监可能会说，另外一家公司可以给到他 2 个点股权，为什么这边只有 0.5 个点？公司需要让员工明白股票的真正价值，而不是只看表面数字的多少。假设给技术总监两个选择，A 公司，创始人不成熟，不太了解股权，没有靠谱的团队，没有融过资，也没清晰商业模式，他愿意给技术总监 2% 的股份；B 公司，成熟的创始人，拥有优秀的团队，融过资，有清晰的商业模式，但他可能只给到技术总监 0.2% 的股份。单纯从数字上看 2% ＞ 0.2%，但是，大部分人会选择 0.2%。

（3）折扣，而不是买送

假设公司股票市价是 1 元/股，公司按照 0.1 元/股给员工发放激励股权。

一种说法是，公司按照 1 折给员工发放股权。另一种说法是，员工买 1 股，公司送 9 股。虽然结果一样，但员工对股票的价值感完全不一样，对后者的价值感会高很多。

3. 没有公平感

（1）放任团队的猜测，而不管理

股权激励过程中，公司一开始并不是向所有人都发放股票。如果处理不当，员工就会猜测，为什么我们部门没有，但其他部门有，是不是我们部门不重要？为什么别人有，但我没有，是不是我的工作不重要？公司应该明确公开标准，比如，第一批发放的有两个标准，中层以上和全职工作满 1 年的员工。这样做的结果是，拿到股票的人被激励，没有拿到股票的人有预期，且公平合理。

（2）只谈硬退出机制，而不是软理念

员工激励股权会有很多的权利限制。比如说，股权分四年兑现，员工中途离职，公司有权回购股票；员工要全职投入，不能从事同行业竞争；职务作品知识产权归公司所有等。这些条款本身，有很强的合理性。但是，如果沟通不到位，很多员工感觉激励股权就是一纸卖身契。因此，公司至少要沟通后让员工感到，大家拿股票是基于长期看好而不是短期参与，激励股权是打过折扣的，不回购中途退出人员股权对于长期参与的人也是不合理的。

（3）退出价格对标估值，而不是回报

很多员工会问，公司有估值，为什么不是按照公司估值回购其股权。对于轻资产的互联网公司来讲，投资人投资的是公司未来，估值代

表公司未来的价值，而不是公司目前真实的市场价值；完全按照公司估值回购，一方面会给公司造成特别大的现金流压力；另一方面也会鼓励大家短期投机而不是长期参与。所以，按照估值折扣价格回购股票，有很强的公平性和合理性。就回购价值而言，公司可以根据员工的投资额给予回报，比如按照原始购买价格的倍数，或同期银行存款利息的倍数，而不是公司估值。

4. 三条建议

对于企业股权激励，我们给出三条建议：一是开放规则；二是分享利益；三是公平合理地评估和认可每个团队成员的贡献。

第五节　实施股权激励过程中应避开的误区

对于民营企业来说，股权激励是一把双刃剑，善用这把剑的企业，会成倍提高效率；不善用的企业，很可能会"割伤"自己，到最后得不偿失。只有避开误区，股权激励才会收到应有的效果。

股权激励一定要避开以下两个误区：

（1）对激励对象选择的错误

作为企业老板，当你想实施股权激励时，一定要问自己两个问题：第一个问题，这是我将来能把公司托付给他的人吗？第二个问题，如果公司经营不好，他会坚持留下来帮助公司渡过难关吗？这两点如果有一点做不到，都不应该用股权的方式去激励。

当然，还有一点错误，就是股权激励员工吃大锅饭。有一家企业，把70%的股份分给了全体员工。开始时所有人都说老板是个好人，但很快企业就失去了动力，因为每个人得到的股份都不多，大家都认为别人应该负责任，而自己作为股东有权利过问很多的事情，但不必对任何事负责任。这样的民营企业经过股权改造变成了"国企"，在那里每个人都是主人，企业却没有了真正的主人。

（2）股权过分分散

很多企业实施股权激励的真正问题，在于股权过分分散。企业从老板单一股东转变成多股东结构，有利于对老板的"管理"，减少老板一人独大的随意性，这是一件好事。但当一个企业的股权过分分散，企业就失去了终极责任人，每个人都会说"我是小股东，出了问题不应该我负责"，或者每个人都不服其他人，都认为自己的意见是对的，企业无法有一致的方向。

股权过分分散的公司会出现很多问题，所以，建议在股权设计时，一定要坚持大股东占50%以上的股权，这样的企业才有一个"主心骨"。尽管这个"主心骨"也会经常犯错误，但没有"主心骨"的错误是致命的。

| 第三章 |

设计要素：股权激励应该如何设计

当企业的发展蒸蒸日上，业绩翻倍上涨，利润也翻倍上涨，通过艰苦创业站稳了脚跟，企业给高级管理人员和高级技术人员工作也翻倍上涨；但是，为什么仍然有员工跳槽去竞争对手的企业，也有的员工带走了一部分高级人才离开公司后自己创业，跟公司业务竞争呢？

为什么您的企业创业成功后员工们工作都没以前那么积极了呢？

为什么同是家族企业的微软、沃尔玛、丰田成为"巨无霸"，而您的企业却总是难以做大？

为什么您的企业人才流失严重，"另立山头"现象屡次发生？

为什么您的企业员工一下班就走人了呢？

答案就是高级人才没有公司产权，"无产无恒心"，解决这些办法只有引入让员工有产有恒心的股权激励方案。

第一节　确定股权激励的对象

驴子与狗结伴而行，途中发现地上有一个精致的信封。驴子捡起来，取出信纸，随口而念，内容是涉及干草、大麦、糠麸之类的。

狗听了后，急切地问："驴大哥，快往下念，看有没有涉及肉与骨头。"

驴子把信念完了，可是信中只字未提狗所想要的东西，狗便生气地说："都是些无聊的东西，把它扔掉吧！"

从这个小故事中，你能得到什么启发吗？

其实道理很简单，每个人都是为了满足自己的需求而行动，需求是人积极性的内在源泉和取之不竭的动力。管理员工亦如此。作为一家企业的老板，就必须了解员工的行为动机，了解他们的真实需求。明白了员工的真实需求后，就比较容易理解他们的行为，能够有的放矢地激发他们的工作热情。

只有老板在了解员工不同层次、不同角度的需求之后，才能对他们进行有效股权激励。股权激励的形式与手段才能做到有的放矢。

股权激励的对象是指股权的授予对象，也就是股权的持有人。激励对象的范围通常由公司董事会做出决定。一般来说，传统的股权激励对象以企业的经营管理层为主，同时，也包括企业的核心技术人员、对企业有突出贡献的员工等。

根据我国《上市公司股权激励管理办法》（以下简称办法）明确规定：股权激励的激励对象可以包括公司的董事、高级管理人员、中级管理人员、核心技术（业务）人员、公司认为应当激励的其他员工。

参照上市公司股权激励的管理办法，非上市公司股权激励的对象可以是企业的高级管理人员、技术骨干、经营骨干和有突出贡献的员工。虽然范围较广，但人数不宜过多，否则会削弱激励的效果。股权激励计划是一种激励制度，不是企业的福利制度，因此要避免把股权激励计划变成人人有份的福利计划。

由此可见，企业股权激励的对象范围很广。只要是公司员工，只要公司认为有必要，就可以被认定为股权激励的对象。当然，办法中下列人员不能成为激励对象：

◊ 独立董事。

◊ 监事。

◊ 持股5%以上的主要股东或实际控制人原则上不得成为激励对象（除非股东大会表决通过）。

◊ 激励对象不得同时参加两个或两个以上的上市公司的股权激励计划。

◊ 最近3年内被证券交易所公开谴责或宣布为不适当人选的。

◊ 最近3年内因重大违法违纪行为被中国证监会予以行政处罚的。

◊ 具有《中华人民共和国公司法》规定的不得担任公司董事、监事、高级管理人员情形的。

第二节 职业经理人购买股权的相关规定

职业经理人购买公司股权，实质上是从这家公司的股东手里购买该公司的股权。

一家公司的股权价值在于公司所拥有的资产多少，主要包括有形资产和无形资产。有形资产包括房产、机器设备、银行存款等；无形资产包括公司的现有商誉、公司拥有的商标权、专利权，以及特殊雇员的服务合同等。

在拟定股权买卖合同时，需要特别注意债务和税务问题。公司是否存在资产负债表外的债务，也就是隐藏的债务，如果在今后发现此类债务，则可以要求原股东承担某种义务。此外，公司的税务问题也是需要特别注意的，例如是否有欠税、偷逃税的问题。

有些企业的人力成本占有公司经营成本的比重很大，对于这些企业，一定要事先评估其今后公司管理层重组带来的劳动合同提前解除的违约金，以及原先公司可能承诺的高额奖金等报酬支付问题。

其实，每一个职业经理人购买公司股权的案例，实际情况都是非常复杂的，都需要做大量的调查研究工作，才能最终签订协议，由律师来处理此类事务才是职业经理人明智的做法。

针对公司股权转让的主要程序、法律问题，以及常见的法律纠纷等问题，作为买方的职业经理人，需要注意和防范的问题有以下几点。

1. 拟转让的股权及目标公司是否真实合法；公司及执照是否有效；核实股权所在公司的工商资料和年检信息，行政处罚记录，有无重大诉讼和仲裁案件。

2. 核实股权转让方（卖方）的主体资格及信用记录，如卖方系个人，个人身份信息是否属实，如系企业，卖方的工商资料应当查实，卖方是否存在重大诉讼或仲裁事项。

3. 拟转让的股权是否受到限制，是否被设定担保、质押或冻结，是否属共同财产（包括夫妻共同财产，是否征得共有权人同意）。

4. 转让股权是否征得老股东同意，老股东是否已经放弃优先购买权，公司章程及法律是否对股权转让、是否存在限制或禁止性规定。

5. 目标公司是否属特殊行业（比如金融、证券、医药、资源或者影响国计民生的垄断性行业；是否属于国有企业、外商投资企业），变更股东是否需要审批，是否有准入限制，对民营或外资是否有持股比例限制。如国家对股东变更设置限制和审批条件，买方是否符合这些条件。如股权变更审批不被批准怎么处理，对买方有无风险？

6. 变更股权是否需要安置职工。职工安置方案是否被目标公司股东会、职工代表大会通过。目标公司的用工制度是否规范合法，人员安置费用是否恰当合理。买方是否具备承受能力。

7. 目标公司的财产及债务情况是否清楚，有无潜在或隐形债务，如有或可能有，采取哪些措施应对。

8. 股权转让价款的支付时间和支付方式是否有利于保护买方利益，股权转让协议完成后督促目标公司及卖方尽快办理股权变更审批和工商登记手续。

9. 违约责任、保障性条款、排他性条款设置在合法有效、平等协商的基础上保护己方利益。

第三节　股权激励方案如何设计

股权激励在设计方案时要考虑以下问题。

一是企业发展阶段和资本市场阶段。这个时期如何实行股权激励？首先要看企业目前的发展阶段，比如说公司现在就是一个"草台班子"刚刚草创，这个时候实行期权或者限制性股票就太复杂了，因为企业发展初期阶段，团队都比较小。员工之间股票分配要慎重，分出去收不回来。所以，可以直接把股票分给一起创业的合作伙伴，这样效率高。

如果企业已经股改了，挂牌了，这时候要实行股权激励适合用股票期权或者是限制性股票，发员工持股计划都是可以的，早期阶段直接持股可能比较简单，效率比较高。

二是公司有没有资格实行股权激励。新三板是没有规定的，我们一直说新三板是一个非常好的创新的包容的市场，但是它有一个最大的问题。在中国资本市场"混"的企业责任人都习惯了被证监会管头管脚，一旦没有东西管的时候，企业责任人实际上是很不适应的，他们不知道怎么办，无所适从。企业责任人应该明白，股转也不是石头蹦出来的，是中国多层次资本市场的组成部分，而多层次资本市场归证监会管。对于上市公司股权激励证监会也是有门槛的。如果最近一年上市公司有否定意见或者是无法表示意见的审计报告，或者是最近一年被证监会行政处罚的就不能搞股权激励。

三是要考虑的问题是激励对象的资格。目前，一些上市公司对股权激励对象是这样规定的：上市公司的董事、监事、高级管理人员、核心技术（业务）人员，以及公司认为应当激励的其他员工，但不包括独立董事。

曾经有一个老板提问，能不能把他的司机列为核心员工。这个当然没问题，但是要把他列为核心员工，要经过一系列的程序。

程序是这样的：首先，要在董事会提名。其次，独立董事和监事会要发表意见。最后，股东大会要批准。同时如果公司有员工组织，比如员工职工代表大会或者是工会，还要经过员工职工代表大会、员工大会和工会批准，同时要在公司公示，这些程序都走完就可以列为核心员工了。

关于激励对象大家还应注意，对象里面不应该包括独立董事，这是为什么呢？因为新三板上目前没有独立董事制度。说到这，顺便教大家一招。大家经常要去看哪些公司准备IPO（首次公开募股），大家去投这样的公司，可以查一查以下几个东西，一个查这家公司有没有独立董事，如果它老早就有独立董事制度，那么通常情况下是要 IPO 的，因为独立董事要花钱请外面的人进来。独立董事是代表中小股东利益独立发表意见的，所以不能对其进行股权激励，否则还怎么能够起到独立董事的作用呢？

另外看公司有没有专职董秘。可以看公司章程中如何写，高级管理人员包括哪几个，因为上市公司的章程都是标准的，都是按照上市公司章程指引的，如果章程里明确注明上市公司的高管是谁，总经理、副总经理、财务负责人和董事会秘书，通常情况下这家公司是要 IPO 的。

除此之外，还有一些人不能成为激励对象。上市公司法规中讲得很清楚：最近三年内被证券交易所公开谴责或宣布为不适当人选的。三年内因重大违法违规行为被证监会予以行政处罚的，比如内部交易。具有《中华人民共和国公司法》规定不能担任董监高职务的人员情形，比如重大负债，判有刑事处罚，或者剥夺政治权利不满几年的，破产负有个人责任不满几年的，或者负有重大债务尚未清偿的。

还有一条，是在备忘录里面规定的，持股 5% 以上的主要股东或者是实际控制人，原则上不得成为激励对象。

四是股权激励用期权还是用股票。公司在有限责任公司阶段，或者是挂牌之前，可以直接给股票，那个时候也没有什么市场公允价。公司在没有引入 PE 投资（私募股权投资）的时候，没有什么市场公允价，也不用做什么股份支付。

到了交易阶段，特别是公司挂牌以后，有了交易以后，这时候选择股权激励就要慎重选择期权或者是股票。

是什么期权？比如说现在有公允价 10 块钱，假设这个公司股票会涨，预计明年涨到 20 块钱，后年涨到 30 块钱。公司允许购买人明年还用 10 块钱来买这个股票。那个时候，股价涨到 20 块钱，购买人就赚了 10 块钱了，这就是期权，就是未来购买股票的权利。

什么是限制性股票？比如现在的股票 10 块钱，公司 5 块钱卖给购买人一股。5 块钱的股票到购买人手里了，这个股票和现在的差价是 5 块钱，就是购买人得到的这个股份的收益。这个收益要进到股份支付，要进到成本里面。一般来说公司对你的股票会做一个限制，期权也是一样的，期权行权的时候做限制，明年兑现的时候要限制。公司会限制一定的条件，比如购买人要工作满多少年，若购买人离职，公司将不让其行权。另外你公司还可能对购买人设定业绩，或者要求购买人达到 KPI 指标（关键业绩指标），达到了公司才可以允许其卖出这些限制性股票。

期权和限制性股票核心的区别在于购买人现在要不要出钱。期权是现在不出钱，公司给你一个权力，以后达到一定的条件，才允许你行权。而限制性股票是，公司现在将股票打折给购买人，购买人是要花钱买的，并且现在就能拿到股票了。

期权和限制性股票，用的时候，公司还要考虑购买者有没有支付能力。购买者没有钱，特别是有些不太好的行业，比如传统制造业，购买者手上没那么多钱，此时，公司发给他们股票让他们拿钱买，他们会有很多的顾虑，毕竟，真金白银要从兜里掏钱出来，这对每个人都是考验。

五是要考虑数量和预留的问题。上市公司规定得非常清楚：总的数量不超过发行股份股票总额的 10%，发给单一对象不超过 1%。但是企业小的话你要考虑。

也曾有专家提出应该规定股权激励的数额是多少，但实际操作比较难，因为上市公司大多是比较成熟的企业，而创业板不是，是创业的板，是创业成功展示板，都是创业成功的大型企业才能上市。上市公司如果发10%的股票是期权或者是限制性股票，股份支付是非常大的。一般来说，上市公司发行超过5%的股票都很少见，为什么？这有一个平衡的问题，公司股票发行得多，对利润影响就很大，尽管没有现金流出，对利润影响也会非常大，公司EPS（每股盈余）会大幅下降的。

另外还有一个问题，公司现在发行的这个要不要做预留。通常情况下，上市公司的预留不能超过10%。公司在新三板上市，挂牌前后都要考虑预留的问题。因为公司现在做股权激励，激励的是现在的这些团队，可是中小企业发展非常快，两三年或者是一两年甚至半年就是一个大台阶，一个台阶过完了，原有团队虽然很好，但是对未来已经没有太大帮助了，这时候公司就要引进新人。但是如果公司没有做预留，或者之前股权激励发得太多，没有能力再给新人做股权激励的时候，这个工具就废掉了。所以，公司做股权激励最好是台阶状的，要考虑现在的团队对企业的贡献，也要考虑未来谁能给公司更大地贡献。

这是一个很实际的操作问题，通常情况下公司要考虑现在和将来的一个平衡的问题，第一要考虑到现在的团队激励够不够。第二要考虑到未来的团队能够有预留的股份。第三个要考虑流动，比如说这个团队10个人，公司激励了他们，给他们股份，将来肯定有人会走，所以，要设计一个机制，走的人按照原来设计的机制把股份让出来，让出的股票拿回来放在谁手里，这个也要规定。可以放在高管手里代持，也可以放在实际控制人手里代持。

六是公司直接持股还是用持股平台。目前，新三板规定持股平台是不能参与定增的，包括员工的持股平台也是不能参与定增的。公司现在如果用定增的方式做股权激励，对象是员工的持股平台，这条路是不通的。

目前，很多公司都在呼吁股转系统尽快出台股权激励管理办法，希望在股权激励管理办法里面，能够对员工持股平台名分给予澄清。证监会要打击的是变相地降低投资者适当规定的门槛的行为，员工持股平台是被错杀的，应该网开一面。

为什么中小企业要用持股平台？为什么上市公司可以不用？上市公司在上市之前持股平台非常多，上市以后不用了，上市公司上市以后已经成熟了，是成熟企业。成熟企业人员流动相对来说缓了，不像中小企业，中小企业人员流动性非常强。

公司上市以后一般管理层相对来说比较稳定，增发的量比较少，通常情况下总数不能超10%，个人不能超过1%，可是中小企业增长量可能一个就占10%，或10个人占了30%股份，这些人有一些变动，对于企业股份的变动非常麻烦。

目前，关于持股平台的问题，股转和证监会都没有松动。这就衍生出问题，公司原来已经是股东的持股平台可不可以，从目前来看，能不能转让，这个没有限制。比如说公司现在有一些股份，这些股份准备用作股权激励，此时公司可以成立一个员工的持股平台，然后售让一些老股，前提是员工持股平台能够把证券账户开出来。公司成立有限合伙，有限合伙要实到资本500万元，这是一个门槛。公司开了账户后，在协议转让阶段，手拉手交易，从实际控制人或者是其他股东手里转让股份，这个目前来看还是可以行得通的。另外一个办法就是间接的，用券商的资管计划。券商的资管计划对于整个资管计划的规模没有限制，对个人身份没有限制。

关于股权激励是直接持股还是用持股平台可以这样操作，在挂牌之前把持股平台做好，这个持股平台比如说占 10% 的股份，里面可能是几个高管，大家约定，除了高管自己拿的一些股份之外其他的持有股份都是代持，等将来公司出现新的员工持股计划或者是股权激励办法的时候，再让他们转让这些资产份额给需要激励的员工，这个是在挂牌之前可以做的。

第四节　股权激励中的股权管理方式

股权激励中的股权管理方式，与职业经理人的职业化水平有巨大关系。职业化训练近来已成为国内企业和管理界的热门话题，不是因为它是一种新的事物，而是因为它的缺失。中国的人才在专业水平和工作能力上并不比国外差，但在职业化素养方面却欠缺很多。职业化水平低将会是中国企业走向强大的最大障碍。

根据世界银行有关统计，目前中国企业的工作效率是美国的 1/25，是日本的 1/26，为何有如此大的差距？根本原因就是中国的企业和员工目前还不够职业化。这种差别就好像业余球队和职业球队，一群业余球员和职业球员比赛，结果自然不言而喻。一般情况下，一个员工只能发挥自身能力的 40%～50%，但如果这名员工能够受到良好的职业化素质教育，或者自身具有良好的职业操守，那么他就能发挥其能力的80%～90%，从而既提高了工作效率，也提升个人的职业竞争力。如果国内企业都具备了良好的职业化素质，必将提升整个国家的综合竞争力。

掌握职业化的概念之前，我们先来认识职业化的作用。

职业化的作用体现在，工作价值等于个人能力和职业化程度的乘积，职业化程度与工作价值成正比，即：工作价值＝个人能力×职业化的程度。

如果一个人有 100 分的能力，而职业化的程度只有 50％，那么其工作价值只能发挥一半。如果一个人的职业化程度很高，那么能力、价值就能够得到充分、稳定的发挥，而且是逐步上升的。如果一个人的能力比较强，却自觉发挥得很不理想，总有怀才不遇的感慨，很可能就是自身的职业化程度不够高造成的，使得个人的工作价值大为降低。

职业化，就是在职场中按照一定规范进行所有工作和活动的总称。职业化程度高的人叫职业人；职业化程度高的经理就叫职业经理人。具体来讲，职业化的内容包括职业化行为规范、职业化技能和职业化素养三个部分。

职业行为规范，包括职业形象、礼仪、行为准则等的。比如，你一上南方航空的航班，向你迎面走来的南航空姐立刻给你强烈的视觉冲击：热情的笑脸和问候，大方得体、整齐划一的职业装，训练有素的导位，上茶、上水，等等，这都是职业行为规范。

职业化技能，就是具备从事该职业所需的技术、技能。通俗地说，就是像个做事的样子。当你生病了，到医院看医生，你会很信赖地遵从医生的嘱咐，当然不是因为医生穿着洁白的职业装，你就信赖他，而是他坐在这个岗位，就已经具备了专业的医疗技能技术，取得了医生执业证书。

职业素养是职业化中最根本的内容，如果把整个职业化比喻为一棵树，那么职业化素养则是这棵树的树根。职业素养包括了职业道德、职业精神、职业态度三部分重要内容。

真正优秀的职业经理人，即使在老板指挥不当的时候，仍然会为维持个人的职业品牌而继续工作。不管什么原因，职业经理人都不应该伤害他所服务的企业。真正合格的职业经理人会全力维护自己的职业品牌，因为他知道，只要"臭"过一次，就会在职场上永远"臭"下去。

大多日本、英国、德国的员工将遵守秩序、认真负责融入到自己的血液里，成为一种习惯，带到工作岗位上去。有些中国员工把不守秩序、不认真负责的习惯带到工作岗位上，成为职业化的巨大障碍。

这种员工到企业，大概会是什么表现呢？目无纪律和制度，没有团队意识，缺乏团队精神，我行我素，自私自利，把个人利益凌驾在集体利益之上。这是企业职业化进程的最大隐患。

针对这一障碍，有如下对策。

第一，以身作则，自己先职业化。常言道：上行下效，上梁不正下梁歪。领导首先要做出表率。

浙江万向集团老总鲁冠球是知名的企业家。他的成功不是偶然的，对于自己的成功，他有句名言："每一天要做一件实事，每一个月要做一件新事，每一年要做一件大事，一辈子要做一件有意义的事。"可见，鲁冠球首先是对自己严格要求，然后再要求下属。

行为学家经过无数次的测试，发现一个规律：上司领导做到100%，在榜样的力量下，主动的下属能做到80%。这一规律告诉我们：要求下属100%职业化，那么领导就得超过100%的职业化。

第二，身先士卒，严格要求。员工不会自动自发地进行职业化，除非领导严格要求。换句话说，员工的职业化程度如何，关键在于领导履行职责程度如何。对员工的职业化要求，应该纳入领导的考核范畴。

第三，加强监督，强化训练。我国社会和企业迫切需要尽快普及职业化教育，其中职业化素质这一课，必须常抓不懈。只有将训练进行到底，才可能能使企业员工从非职业化的散兵游勇变成职业化的正规部队，从而强我国民，强我民族，强我企业，强我国家。

对企业而言，如果没有一种既能够充分考虑股东的利益，又能够兼顾管理、技术、业务骨干的利益体制设计，那么人才的聚集和稳定，管理的科学和规范，发展的持续和健康就是一句空话。

企业实施股权激励计划是一个必要和必然的选择。发达国家企业实施的行之有效的股权激励制度为我国企业提供一个很好的参考。企业实施股权激励计划，不仅仅是一种激励制度的创新，更重要的是借此建立一个经营者、员工的价值体现与所有者的利益获得的平衡点，形成一个所有者、经营者、员工共谋发展、共享利益的新局面，从而吸引、激励经营者、业务和技术人员全力以赴，谋求企业的发展，提高企业的向心力、凝聚力和战斗力。可以说，要想使企业成为长寿企业、百年老店，必须在股权激励上做文章。

国内有一家著名的企业叫宅急送，创始人是陈平，他在公司的体制创新上作出了不同寻常的努力，以及巨大贡献。陈平本人从当初拥有公司100%的股份，变成一个如今只拥有13%股份的小股东。从这个意义上说，他如今在公司的角色更像一个职业经理人。或者说，陈平首先从心态上把自己当成了职业经理人，否则他不会放弃股份。陈平说："我认为企业家必须是职业经理人，职业经理人的理念和思路一定是职业化的，否则企业不可能成功。"

商鞅变法之前向秦孝公提出了三点，涉及变法中可能出现的问题以及解决办法：首先，有一批拥戴变法的人居于关键岗位；其次，法令不避权贵；最后，国君对变法大臣深信不疑。

当代的企业要向职业化管理转变，也需要经过变革甚至磨难，有的时候也要付出很大的代价：首先，关键岗位一定要有一批真正的职业经理人；其次，职业化时的制度要对任何人都生效；最后，股东对职业经理人深信不疑。

企业搞制度建设，企业文化建设不可或缺。企业文化管理是 21 世纪最高境界的管理，现代化企业只有从一种小家文化走向大家文化，才能吸引更多的人才为我所用。这样的大家文化，不仅包括产品文化、人才文化、职工文化、培训文化、广告文化，还包括营销文化、对外协作文化等许多方面。一个拥有现代市场经济先进文化的企业，其企业制度将会具有凝聚力；相反，无论我们的企业制度是否现代，如果这个企业的文化很腐朽，最终还是会垮台。

从当前的现状来看，我国企业员工的职业化程度还有待提高，职业化的道路还很漫长，需要不断地转变观念，提高思想意识，从体制上不断地完善和革新，从制度上不断地健全和规范。

第五节　案例：恒天纤维集团股权激励计划

中国恒天集团有限公司（以下简称恒天集团）成立于1998年9月，现为国务院国有资产监督管理委员会监管的国有独资大型企业集团，注册资本27.59亿元，以纺织机械、纺织品服装和贸易为主业，包括纺织机械的研发、制造、销售，为客户提供纺织工程系统解决方案，纺织品服装的设计、制作、销售；纺织品、服装及纺织原材料的进出口贸易。同时以房地产、证券为策略性业务，实行适度多元化经营战略。

恒天纤维集团有限公司是中国恒天集团有限公司直属子公司，前身为保定化学纤维联合厂，始建于 1957 年，是我国"一五"期间兴建的第一座大型化学纤维企业，是中国粘胶长丝工业的发源地。1994 年成立集团公司，2009 年整体并入中国恒天集团有限公司，2010 年 8 月 25 日更名为恒天纤维集团有限公司。下辖 1 家分公司，1 家 A 股上市公司（保定天鹅，股票代码 000687），3 家控股子公司，在职员工 7100 人。

公司主要生产粘胶长丝、氨纶、浆粕、化学纤维油剂等产品，研发制造化纤机械、通用机械设备，并提供工程技术服务，经营自产产品及技术的进出口业务以及绣花线、印刷、商贸等生产经营业务。

公司化纤生产能力 23200 吨/年，其中粘胶长丝 22000 吨/年，棉浆粕生产能力 47000 吨/年，化学纤维油剂生产能力 7000 吨/年，是世界上最大的粘胶长丝生产厂家之一。

公司实施产品质量战略，主导产品"天鹅"牌粘胶长丝 1979 年荣获国家银质奖章，"天鹅"品牌为国家驰名商标，产品通过欧盟 OEKO – TEX100 认证，公司技术开发中心为国家级企业技术中心。"天鹅"牌粘胶人造丝产品质量和档次位居国内前茅，畅销国内二十多个省、自治区、直辖市和香港特区，出口到韩国、日本、土耳其、意大利、加拿大等十几个国家和地区。

在母公司——中国恒天集团公司的大力支持下，恒天纤维集团有限公司建设投资了 7.8 亿元的 lyocell 项目、投资 6.1 亿元的莫代尔项目，启动了 5.8 亿元的证券融资项目，并正在酝酿以恒天纤维集团为平台，筹建年产 50 万吨的聚酯项目和林浆一体化原料项目。

下面是恒天纤维集团有限公司 2011 年 1 月实施的核心人员股票激励及优化方案。

一、总则

第一条 为了进一步健全集团全公司激励机制，增强集团公司核心员工对实现公司持续、健康发展的责任感、使命感，确保公司发展目标的实现，公司依据《中华人民共和国公司法》以及其他相关法律、行政法规的规定，制定《恒天纤维集团有限公司总部核心人员股权激励计划》（以下简称"本计划"）。

第二条 本计划经董事会审核，由公司股东大会批准后实施。

第三条 本计划遵循的基本原则：

（一）公平、公正、公开；

（二）激励和制约相结合；

（三）股东利益、公司利益和员工利益一致原则，有利于公司的可持续发展；

（四）维护股东权益，为股东带来更高效持续的回报。

第四条 制订本计划的目的：

（一）倡导价值创造为导向的绩效文化，建立股东与员工之间的利益共享与约束机制；

（二）激励持续价值创造，保证企业的长期稳健发展；

（三）帮助管理层平衡短期目标与长期目标；

（四）吸引与保留优秀管理人才和公司员工；

（五）鼓励并奖励业务创新和变革精神，增强公司的竞争力。

第五条 本激励计划的管理机构：

（一）股东大会作为公司的最高权力机构，负责审议、批准本股权激励计划的实施、变更和终止；

（二）董事会为本股权激励计划的执行管理机构，下设薪酬管

59

理委员会，负责拟订和修订本股权激励计划；

（三）监事会是本股权激励计划的监督机构，负责审核激励对象的名单，并对本股权激励计划的实施进行监督。

二、股权激励计划的激励对象

第六条　本股权激励计划的激励对象以《公司法》及《公司章程》的相关规定为依据。

第七条　本公司股权激励计划的激励对象为：（具体见附件一）

（一）于公司受薪的董事会和监事会成员；

（二）高级管理人员；

（三）中层管理人员；

（四）分子公司高层（除保定天鹅）；

（五）由总经理提名的业务骨干和卓越贡献人员；

（六）与公司签订正式劳资合同，并工作满六个月的员工。

上述激励对象不包括独立董事以及其他仅在公司领取董事酬金或监事酬金的董事会和监事会成员。

第八条　第七条所列人员有下列情形之一的，不能成为本计划的激励对象：

（一）具有《中华人民共和国公司法》第一百四十七条规定的不得担任董事、监事、高级管理人员情形的；

（二）公司董事会认定其他严重违反公司有关规定的。

三、股权激励计划的基本模式

第九条　公司员工自愿参加公司股权激励和员工持股计划。

第十条　本计划的基本操作模式为：

公司股权激励计划的资金来源由两部分构成：

（一）员工自行承担部分，以员工年工资总额的×％为下限，采取按月缴纳的方式；

（二）公司奖励部分，由以下四个方面构成：

1. 公司每年税后利润的×％；

2. 累计应付员工福利费总额的×％；

3. 累计提取任意公积金总额的×％；

4. 累计提取的部分法定公积金，但留存的法定公积金不得少于公司注册资本的25％。

个人承担和公司奖励两部分资金总和换算成公司股权形式通过股权信托方式奖励给激励对象。

第十一条 公司奖励的激励资金的分配模式为：将当年奖励资金总额分为即期基金和预留基金，即期基金和预留基金的比例为90∶10；即期基金是指当年可使用的激励资金，分配到激励对象的具体金额根据激励对象工作岗位和贡献大小综合平衡确定；预留基金是指当年可用于奖励的基金总额扣除即期基金后的奖励基金，用于储备或支付具备资格的新增员工和岗位职务升迁员工认购和对后进入的经营人员进行期股激励的需要。

第十二条 公司股权激励计划年度激励对象名单及相应股权数额得到确认并办理完相关手续后，由薪酬委员会统一办理激励股权确权事宜。

四、股权激励计划的实施条件

第十三条 公司每一年度股权激励计划的实施需达到一定的经营业绩指标：年度激励资金提取以公司净利润增长率和净资产收益率作为业绩考核指标，其启动的条件具体为：

（一）年度净利润增长率超过 5%；

（二）处于正常经营状态的年度净资产收益率超过 12%；

（三）公司当年如采用向其他股东筹资，资金到位时间较短时，应进行相应调整。

第十四条 本股权激励计划的实施时间：本计划经股东大会同意后立即实施。

五、股权激励股权的归属方式

第十五条 本股权激励计划有效期为 5 年，自本计划经股东大会同意实施之日起计。

第十六条 在完成年度决算和年度财务报告提交股东大会正式确认后，核算公司承担的股权激励资金，并进行相关账务调整；按照股权激励方案确定激励对象和具体金额，激励对象个人承担部分由个人分期缴纳，也可从其工资中分期扣除。

第十七条 股权激励方案基于责任、权利和义务相结合的原则，结合激励对象所承担的岗位职责以及其绩效表现确定。

第十八条 当出现激励对象职务提升、重大贡献或人才引进等情形时，可依据第十六条的原则对最终的激励股权进行调整。

第十九条 激励对象在职期间，不得转让所持公司激励股权；当激励对象离开公司后，由薪酬委员会回购所持公司全部激励股权。

第二十条 激励对象严重过失并损害公司利益的，薪酬委员会可根据实际情况有权对其所持股权全部或部分没收。

六、公司与激励对象各自的权利和义务

第二十一条 激励对象在本计划有效期内一直与公司保持聘用

关系，且未有损害公司利益的行为，可以按照本计划获授激励股权。

第二十二条　公司的财务会计文件如有虚假记载的，负有责任的激励对象应将从本计划所获得的全部利益返还给公司。

第二十三条　激励股权在归属后记入激励对象个人股权，通过股权信托管理公司享有股东应享有的一切法定权益。

第二十四条　激励对象获得由公司承担的激励股权时，自行承担相关税费。

七、股权激励计划的特殊规定

第二十五条　激励对象在公司主体上市前主动离职或被辞退的，其激励股权由股权信托管理公司回购，回购方式参见《恒天纤维集团有限公司股权信托管理办法》。

第二十六条　当公司发生合并或分立时，按照公司合并或分立时股权的转换比例确认相应股权数量。

第二十七条　当公司控制权发生变更时，委托的激励股权信托管理公司代表全体持股员工，参与公司变更或重组相关事宜。

第二十八条　公司控制权发生变更且控制权变更前的 2/3 以上持股员工书面要求退出股权时，公司收到书面要求、具体激励对象名单及相应激励股权数额后两个工作日内，按照公司每股净资产全额退还持股员工所持全部股权，包括公司承担的激励股权。

第二十九条　激励对象因丧失劳动能力而离职的，其获受的股权数额维持不变。

第三十条　激励对象因精神病丧失民事行为能力而离职的，其获受的股权由其监护人代其持有，其获受的股权数额维持不变。

第三十一条 激励对象死亡，其获受的股权由其指定的财产继承人或法定继承人代其持有，其获受的股权数额维持不变。

第三十二条 因公司自身经营原因，需调整公司人员数量或结构，激励对象认为不适宜在公司继续工作，薪酬委员会按公司上年末每股净资产回购所持全部股权，包括公司承担的激励股权。

八、股权激励计划的终止

第三十三条 本计划将在下述条件下终止实施：

（一）最近一个会计年度财务报告显示公司经营业绩未达股权激励实施条件；

（二）最近一年内因重大违法违规行为被我国相关行政部门予以行政处罚；

（三）公司出现无法预料的或有事件。

九、附则

第三十四条 本计划激励股权管理分两步实施，首先成立员工持股会，为公司薪酬委员会下非常设机构，具体管理激励股权事宜；待激励股权数额发展到一定规模和公司上市运作到一定阶段，采用股权信托方式统一管理激励股权。

第三十五条 员工持股会激励股权管理办法参照股权信托管理办法执行。

第三十六条 本计划的修改、补充均须经公司股东大会同意。

第三十七条 本计划由公司董事会负责解释。

第三十八条 本计划生效后，激励对象愿意享有本计划下的权利，同时接受本计划的约束，承担相应的义务。

下面是国有企业激励机制发展历程图：

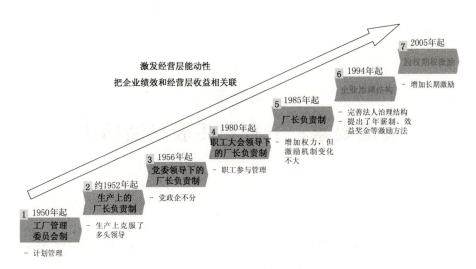

图1 国有企业激励机制发展历程

从图1可以看出，回顾国有企业在经营层权限和激励机制的演变发现，激发经营层能动性、把企业绩效和经营层收益相关联是整个演变的方向，至2005年起，中国国有企业开始尝试进行长期激励：股权、期权激励。

第四章

关键要素：五行相生股权激励法

"五行相生股权激励法"的首创人为清华大学杨建强博士，其股权设计理念与方法，是最具实战意义、操作性和实用性的品牌课程。

"五行相生股权激励法"，将股权激励的实施分解为"金——定股""水——定人""木——定时""火——定价"及"土——定量"五大步骤，表现为金生水，水生木，木生火，火生金，环环相连，步步紧扣。能有效帮助企业增强内部凝聚力、向心力和战斗力！

第一节　定股（金）：定股票模式

我们在第一章中曾讲述过股权激励中股票的种类，其实定股与这些种类有很大的联系。定股分为以下模式：

（1）期权模式

股票期权模式是国际上一种最为经典，使用最为广泛的股权激励模式。其内容要点是：

公司经股东大会同意，将预留的已发行未公开上市的普通股股票，认股权作为"一揽子"报酬中的一部分，以事先确定的某一期权价格，有条件地无偿授予或奖励给公司高层管理人员和技术骨干，股票期权的享有者可在规定的时期内做出行权、兑现等选择。设计和实施股票期权模式，公司必须是上市公司，有合理合法的、可实施股票期权交易的股票来源，并要求具有一个股价能基本反映股票内在价值、运作比较规范、秩序良好的资本市场载体。

已成功在香港上市的联想集团和方正科技等，实行的就是股票期权激励模式。

（2）限制性股票模式

限制性股票指上市公司按照预先确定的条件，授予激励对象一定数量的本公司股票。激励对象只有在工作年限或业绩目标符合股权激励计划规定条件后，才可出售限制性股票并从中获益。

限制性股票方案的设计，主要体现在两个方面的限制：一是获得条件；二是出售条件。

获得条件：国外大多数公司是将一定的股份数量无偿或者收取象征性费用后授予激励对象，而在中国《上市公司股权激励管理办法（试行）》中，明确规定了限制性股票要规定激励对象获授股票的业绩条件，这就意味着公司在设计方案时，对获得条件的设计只能是局限于该上市公司的相关财务数据及指标。

出售条件：国外的方案依据实施激励公司的不同要求和不同背景，设定可售出股票市价条件、年限条件、业绩条件等，很少有独特的条款。而我国明确规定了限制性股票应当设置禁售期限（规定很具体的禁售年限，但应该可以根据上市公司要求设定其他的复合出售条件）。

（3）股票增值权模式

所谓股票增值模式，就是享有股票增值权的激励对象不实际拥有股票，也不拥有股东表决权、配股权、分红权。股票增值权不能转让和用于担保、偿还债务等。每一份股票增值权与一股股票挂钩。每一份股票增值权的收益等于股票市价减去授予价格。其中，股票市价一般为股票增值权持有者签署行权申请书当日的前一个有效交易日的股票收市价。

股票增值权是指公司授予激励对象的一种权利，如果公司股价上升，激励对象可通过行权获得相应数量的股价升值收益。激励对象不用为行权付出现金，行权后可获得现金或等值的公司股票。股票期权实质上是一种选择权，即被授予者享有的在未来规定的若干年内（行权期）按授予时（授予期）规定的价格（行权价）和数量（额度）自由购买公司股票（行权）的权利，这个权利被授予者可以使用，也可以放弃。

（4）虚拟股票模式

虚拟股票模式是指公司授予激励对象一种"虚拟"的股票，激励对象可以据此享受一定数量的分红权和股价升值收益。如果实现公司的业绩目标，则被授予者可以据此享受一定数量的分红，但没有所有权和表决权，不能转让和出售，在离开公司时自动失效。在虚拟股票持有人实现既定目标条件下，公司支付给持有人收益时，既可以支付现金、等值的股票，也可以支付等值的股票和现金相结合。虚拟股票是通过其持有者分享企业剩余索取权，将他们的长期收益与企业效益挂钩。由于这些方式实质上不涉及公司股票的所有权授予，只是奖金的延期支付，长期激励效果并不明显。

虚拟股权激励主要有以下三个特点：

第一，股权形式的虚拟化。虚拟股权不同于一般意义上的企业股权。公司为了很好地激励核心员工，在公司内部无偿地派发一定数量的虚拟股份给公司核心员工。虚拟股权持有者可以按照数量，按比例享受公司税后利润的分配。

第二，股东权益的不完整性。虚拟股权的持有者只能享受到分红收益权，即按照持有虚拟股权的数量，按比例享受公司税后利润分配的权利，而不能享受普通股股东的权益（如表决权、分配权等），所以虚拟股权的持有者会更多地关注企业经营状况及企业利润的情况。

第三，与购买实有股权或股票不同，虚拟股权由公司无偿赠送或以奖励的方式发放给特定员工，不需员工出资。

作为股权激励的一种方式，虚拟股权激励既可以看作物质激励，也可以看作精神激励。虚拟股权激励作为物质激励的一面，体现在享有一定股权的员工可以获得相应的剩余索取权，他们会以分红的形式按比例享受公司税后利润的分配。虚拟股权激励作为精神激励的一种，让持股的员工以一种"股东"的身份去工作，从而会减少道德风险和逆向选择的可能性。同时，因为虚拟股权的激励对象仅限于公司核心员工，所以持股员工可以感觉到企业对其自身价值的充分肯定，产生巨大的荣誉感。

第二节 定人（水）：遵循定人三原则

五行相生股权激励法的第二步是定人，具有三个原则：具有潜在的人力资源尚未开发；工作过程的隐藏信息程度；有无专用性的人力资本积累。

企业人才分为三个层面：

核心层：中流砥柱（与企业共命运、同发展，具备牺牲精神）。

骨干层：红花（机会主义者，他们是股权激励的重点）。

操作层：绿叶（上班只是为了有一份工作而已）。

对不同层面的人应该不同对待。而骨干层是公司股权激励计划实施的重点对象。

在决定哪些员工成为股权激励的对象时，公司有很大的灵活性，没有严格的规定或者标准限制公司的决策。但一般而言，确定股权激励的对象时，公司会综合考虑企业的发展阶段和员工自身资格这两个主要因素。

（1）企业的发展阶段

决定股权激励的对象，要注意企业的发展阶段，因为不同阶段企业的发展重心不同。企业发展阶段可分为初创期、发展期、成熟期和衰退期四个阶段。不同阶段的股权激励有不同的策略。

①初创期

处于初创期的企业，企业规模一般相对较小，企业发展目标明确，主要工作是技术或产品研究与开发。企业的人员结构也相对简单，在各类人员中，技术人员在企业中所占比重最大，其作用也最为重要，企业在此期间的管理和决策相对简单，而且就我国的现实情况而言，一般很少有专门的管理人员，管理工作和主要的市场开拓工作，都主要由技术人员来完成。因此在这一期间，股权激励的重点应是那些已经在企业技术研发中做出了重要贡献和将对企业技术工作有重要贡献的企业技术骨干，包括那些掌握企业核心技术的员工。

②发展期

在发展期，企业的技术已研发完成，产品也基本定型，各类人员基本到位。管理、技术、市场等工作逐步分离，由不同的专业人员承担，企业进入高速发展阶段。这一阶段，虽然技术人员的作用在企业中仍然十分重要，但随着企业规模的扩大，管理人员和市场人员的作用在企业中也显得同等重要。因此在此阶段，股权激励的重点应包括企业的经营管理层，技术骨干和市场营销骨干。

③成熟期

在成熟期的企业已进入大规模生产和大规模销售阶段。原有技术和产品的研发工作都已完成，企业的规模在现有技术和产品的基础上，已基本达到巅峰。企业经营管理人员的工作重心是不断拓展新的企业发展方向，技术人员的主要工作是不断寻求和研发新的技术和产品。在此期间，企业要有新的发展，企业管理层的决策很重要。所以，企业这个阶段的激励重点应侧重于企业管理层，以及新技术的研发人员，应该提高企业管理层股权激励的比例，并加大对企业管理层的激励力度。

④衰退期

企业原有技术和原有产品处于衰退状况，原有产品的生产和销售数量不断下降，原有的股权激励政策对企业的发展已经不起什么作用了。在此阶段，企业工作的重中之重是寻找新方向，研发新产品。这是决定企业是否进入再造阶段，开始新一段的生命周期的关键。因此，企业的决策和新技术、新产品的研发对企业来说都十分重要，激励的重点对象应是企业经营管理层和新项目的研发人员，尤其是直接关系到企业再造的关键人员。

（2）员工自身资格

员工自身资格主要是指员工的职位、工龄、业绩和能力这四个方面。

①职位

股权激励计划是只限于高层管理者，还是中层管理人员以上职位均可参加？是包括所有员工，还是只是董事？员工所处的职位，是一个比较好的确定标准。职位在组织中常常体现为对组织的责任，职位越高，承担的相应责任也越大，对组织的贡献也就越大。这种做法的优点在于能够比较好地按照员工对组织的贡献、对公司业绩的最终影响来确定员工是否有资格获得股权激励，且在一般情况下能够被员工所接受。

②工龄

在确定激励对象时，员工的工龄是一个比较重要的参考因素，因为传统的观念认为，股权激励计划是长期薪酬制度，只有忠诚的员工才能够成为受益者，而如果股权激励计划的受众是频繁跳槽的员工，那么无谓的薪酬费用支出将给公司带来很大的损失。也就是说，只有在公司已工作一定年限，且自愿长期留在公司的员工，才有资格享受到股权激励计划的好处。例如有的激励计划规定激励对象应当在公司工作了1年、2年或者公司认为合适的工龄长度。另外，激励对象还须留在公司，继续工作5年、10年甚至更长。

这种对工龄的限制是合理的，毕竟股权激励计划对公司而言成本是很大的。正所谓"肥水不流外人田"，公司发展的巨大收益可以被股东和员工共同分享，外人是无法获得的。

③业绩

"不管黑猫白猫，能抓住老鼠的就是好猫。"员工的职位可能不高，资历也可能不深，但是良好的业绩是其价值最好的证明。因此，以员工过去或当期已经实现的业绩，来作为其是否有资格成为激励对象的衡量标准是一个比较客观的做法。这种方法的优点在于支持和鼓励了组织成功的因素，对提高和改善组织业绩具有非常积极的直接作用。

④能力

员工的从业能力也是决定其能否成为激励对象的一个关键指标，只要员工的能力突出，或者具有较大的潜力，能够在现在或以后为公司的发展作出贡献，就可以成为激励计划的受益人。这种方法的优点在于，符合设立股权激励计划的初衷，有利于员工潜能的发挥，有利于提高组织未来的业绩。

在确定激励计划的激励对象时，除了认可对过往业绩有贡献的员工外，更应关注的是，当下或未来那些在企业运营价值链中能起关键作用的人。

对老板来说，你别指望最基层第一线的员工跟你一样有雄心抱负，对你强调的那种企业文化有认同，实际上他们更多还是考虑个人利益问题。

通常来说，企业激励员工的手段就是提高他们的待遇。但这样做，一方面很快会触及公司的成本低线，另一方面，这样做未必是一种很好的激励手段，比较极端的例子是中国男子足球，球员的收入一直在增加，但是球迷的体验则一直在下降。

在经济环境欠佳的时候，人们会倾向于保有工作，这个时候似乎不需要提高薪金，但是提高薪金之后，进一步提高了员工换工作的机会成本，事实上他们还要受到外部人才的替代压力，这样效率就会得以提升。

提高员工效率的方法有很多，但所有的方法都必须有一个前提，那就是在工资待遇上达到员工的心理期望值，甚至要超过他们的心理期望值。

通常来说，当员工的工资不高的时候，他们的工作效率是永远不会提升的。反之，当员工的实际收入远高于行业平均水平的时候，员工的工作效率通常是最高的。

这也是大多数企业目前仍然面临的问题。企业给员工最低的待遇，他们就会给企业最低的工作业绩。反之，企业给员工最好的待遇，他们就会给企业最好的工作回报。

第三节　定时（木）：定有效期

股权激励计划的有效期自股东大会通过之日起计算，一般不超过10年。股权激励计划有效期满，上市公司不得依据此计划再授予任何股权。

在股权激励计划有效期内，每期授予的股票期权，均应设置行权限制期和行权有效期，并按设定的时间表分批行权。

在股权激励计划有效期内，每期授予的限制性股票禁售期不得低于2年。禁售期满，公司可根据股权激励计划和业绩目标完成情况，确定激励对象可解锁（转让、出售）的股票数量。解锁期不得低于3年，在解锁期内原则上采取匀速解锁办法。

下面我们来看一个案例：

苏泊尔公司在 2013 年推出股权激励计划，拟向激励对象授予限制性股票总计 580 万股，授予价格为 0 元。该限制性股票来源为公司从二级市场回购的公司股份。其中，首次授予权益 562 万股，约占本激励计划签署时公司股本总额的 0.886%，预留 18 万股，公司董事长苏显泽获得限制性股票 30 万股，财务总监徐波获得 24 万股，副总兼董秘获授 12 万股。

该激励计划的有效期五年，在 12 个月锁定期满之后，每年可按 10%、20%、30% 和 40% 的比例相继解锁，解锁条件为自 2013 年起至 2016 年止，公司每个考核年度的净资产收益率不低于 13%；另外，考核期内，公司将根据每个考核年度的内销收入及内销营业利润的完成率，确定激励对象在各解锁期可获得解锁的限制性股票数量。

苏泊尔公司推出的这项股权激励计划中，限制性股票部分是 0 元授予，大步骤，环环相连，步步紧扣，能有效帮助企业增强内部凝聚力、向心力和战斗力！

第四节　定价（火）：遵循公平市场价原则

根据公平市场价的原则，确定股权的授予价格（行权价格），上市公司股权的授予价格应不低于下列价格较高者：股权激励计划草案摘要公布前一个交易日的公司标的股票收盘价；股权激励计划草案摘要公布前 30 个交易日内的公司标的股票平均收盘价。

股票本身没有价值，但它可以当作商品出卖，并且有一定的价格。股票价格也就是股票行市，是指股票在证券市场上买卖的价格。股票价格分为理论价格与市场价格。股票的理论价格不等于股票的市场价格，两者甚至有相当大的差距。但是，股票的理论价格为预测股票市场价格的变动趋势提供了重要的依据，也是股票市场价格形成的一个基础性因素。

（1）股票的市场价格

股票的市场价格即股票在股票市场上买卖的价格。股票市场可分为发行市场和流通市场，因而，股票的市场价格也就有发行价格和流通价格的区分。股票的发行价格就是发行公司与证券承销商议定的价格。股票的发行价格以股票在流通市场上的价格为基准来确定。股票的发行价格在股票面值与市场流通价格之间，通常是对原有股东有偿配股时采用这种价格。

股票在流通市场上的价格，才是完全意义上的股票的市场价格，一般称为股票市价或股票行市。股票市价表现为开盘价、收盘价、最高价、最低价等形式。其中收盘价最重要，是分析股市行情时采用的基本数据。

（2）股票的理论价格

股票代表的是持有者的股东权。这种股东权的直接经济利益，表现为股息、红利收入。股票的理论价格，就是为获得这种股息、红利收入的请求权而付出的代价，是股息资本化的表现。

静态地看，股息收入与利息收入具有同样的意义。投资者是把资金投资于股票还是存于银行，这首先取决于哪一种投资的收益率高。按照等量资本获得等量收入的理论，如果股息率高于利息率，人们对股票的需求就会增加，股票价格就会上涨，从而股息率就会下降，一直降到股息率与市场利率大体一致为止。

第五节　定量（土）：定个量和定总量

定量分为定个量和定总量。

（1）定个量

上市公司任何一名激励对象通过全部有效的股权激励计划获授的本公司股权，累计不得超过公司股本总额的 1%，经股东大会特别决议批准的除外。

在股权激励计划有效期内，高级管理人员个人股权激励预期收益水平应控制在其薪酬总水平（含预期的期权或股权收益）的 30% 以内。高级管理人员薪酬总水平应参照国有资产监督管理机构或部门的原则规定，依据上市公司绩效考核与薪酬管理办法确定。

（2）定总量

参照国际通行的期权定价模型或股票公平市场价，科学合理测算股票期权的预期价值或限制性股票的预期收益。按照上述办法预测的股权激励收益和股权授予价格（行权价格），确定高级管理人员股权授予数量。

各激励对象薪酬总水平和预期股权激励收益占薪酬总水平的比例应根据上市公司岗位分析、岗位测评和岗位职责按岗位序列确定。

第六节　案例解析：五行相生股权激励法

五行法案例如下：

A 公司于 2015 年年底决定建立长期激励机制，实行股权激励方案。A 公司创建于 2006 年，注册资金为 100 万元，经过 10 年的发展，2015 年年底税前利润为 800 万元，净资产为 2000 万元，预计每股净资产年增长率为 100%。为实现公司长期战略规划，充分激励人才，并为以后创业板上市留好接口。公司董事会决定接受经邦股权集团的建议，采用股权激励五行法，自 2016 年开始实施股权激励计划。

采用五行相生股权激励法，首先根据该公司的生命周期阶段和人才激励特点，选定股权激励模式。

（1）定股：根据公司的十年积累，公司虽然注册资本小，但是公司净资产已经达到 2000 万元，在股权激励方案设计的时候，根据五行法，第一步确定股份面值为 0.1 元，则公司的股份总数为 1000 万股，每股净资产 2 元，针对公司发展阶段，采用五行法里面的增值激励方式，即股份期权模式。

（2）定人：包括外部资源、高层管理人员在内的 6 人核心层加上 10 个中层人员被授予股份期权。

（3）定价：初始授予股价按照 2015 年度每股净资产确定初始授予价格，但股价增长模式不采用净资产方式，采用经邦股权激励五行法中的股价确定原则。

（4）定量：根据五行法，该公司设计股权激励，拿出总股本的20%，即200万股授予。

（5）定时：采取循环激励，即每年授予100万股的方式；每年的100万股，再分两年行权，行权比例6∶4。

根据五行法初步设计了股权激励方案，减少了公司高级管理人员的短视行为。该方案由于分两年来授予，分步行权，只能执行其中的一部分，高层管理人员只有在增加股东财富的前提下才可同时获得收益，从而与股东形成了利益共同体。

这种剩余索取权驱动高层管理人员不断努力提高公司业绩，最终达到股东和高层管理人员双赢的局面，稳定并吸引优秀人才。该方案通过每年循环授予的方式，一方面激励公司现有高层管理人员勤勉工作；另一方面也可吸引外来优秀人才加盟。通过循环授予，该方案成功解决了其他企业由于一次性授予而不能给后进的高层管理人员以激励的局限性。

采用五行法后，该方案的另外一个好处就是以净资产确定初始价格，而非一直按照净资产价格确定每年股价，从而更好地体现了激励成长性的特点。

| 第五章 |

选择与认同：股东分级与同化原理

企业创新的方式有很多，但在管理机制上创新是最复杂也是最根本的。实施股权激励，从原有的职业经理人机制转向事业合伙人机制。投资人与职业经理人互相选择与认同，实施"事业合伙人计划"，投资自己的事业是世界上最好的投资，强调"共创、共享、共担"，甚至使员工实现了内部创业、创富。

人才是企业的第一资本，甚至是唯一资本。调动员工的创新与自驱力就成为了企业发展的关键。

第一节　股东参与：企业发展的根本

股东就是股份公司的出资人、投资人。在股东与公司的关系上，股东作为出资者按其出资数额（股东另有约定的除外），享有所有者的分享收益、重大决策和选择管理者等权利。

股东是一个企业的所有者，股东的信心和态度有时会影响企业生存之本。企业为了增强股东的信心，做出有益的商业行为，应具备以下权利：一是收益权，这是最重要的权利，企业应该关心它们股票的利益。

二是决策权，企业成长自然需要一个强有力的领导团队，因此股票倾向于由股东大会和董事会对企业发展做出选择。

在中国，凡是企业历史能超过 10 年以上的，企业创始人或者股东多体现出稳健甚至忍辱负重的性格。比如万向公司的鲁冠球，曾多次想要进军汽车行业，但最终因"时机不成熟"而暂停了这一计划。再比如格兰仕、雅戈尔等，其股东的性格，也多以低调、稳健著称。新希望、联想、海尔、万科、正太、娃哈哈、华为、苏宁、格力电器、雨润、阿里巴巴等，其股东的经营风格，也多是低调、内敛。

第二节　股东分级原理：精选核心股东

股东是一家公司存在的基础，是公司的核心要素，没有股东，就不可能有公司。根据《公司法》的规定，有限责任公司成立后，应当向股东签发出资证明书，并置备股东名册，记载股东的姓名或者名称及住所、股东的出资额、出资证明书编号等事项。

由此可见，有限责任公司的股东应为向公司出资，并且其名字登记在公司股东名册者。

至于股份有限公司，我国《公司法》既允许发行记名股票，也允许发行无记名股票；公司发行记名股票的，应当置备股东名册；并规定了记名股票的转让，由公司将受让人的姓名或者名称及住所记载于股东名册。据此应理解为，股份有限公司的无记名股票的持有人即为公司股东，而无记名股票的持有人则同时须将其姓名或名称及住所记载于股东名册，方为公司股东。

股东享有股东权。即指股东依其所持股份而享有权利、承担义务。

股东基于自己的出资或持有的股份，对公司承担义务，享有权利。

股东一律平等。股东基于其股东资格，按所持股份的性质、数额享受平等待遇。

股东分级的标准在于区分核心股东和非核心股东。核心股东是持有公司大额股份，对公司的经营决策起重要的指导作用的人。作为公司的核心股东，要明确自己的定位。

第三节　选择基层股东：培养和发展员工

有句俗话说：火车跑得快，全靠车头带。火车型企业之所以跑得快，就是因为激发了每个员工的动力。

比如，一个部门经理带领着 5 名员工，部门经理的能效（单位投入带来的效果产出）是 100 分，而员工的平均能效则是 60 分，刚及格，总体的能效则是 400 分。

如果我们能培养员工的能力，调动积极性，假设员工平均效能提到 80 分，则总分为 400 分，而部门经理不使用非常顶尖的精英，能效为 90 分即可，则部门总体效能为 490 分，整整提高了 20% 多。

所以，从管理者角度看，提升每个员工的能力可以提高整体工作效率，进而更好地实现公司的战略目标。

因为只有每个员工的个人能力提升了，才能由个人能力转化为组织能力，再由组织能力转化为组织业绩。而组织业绩的提升，在市场竞争中处于优势地位，就能继续扩大企业规模，从而为有才干的员工创造和提供更多的发展机会，实现员工与企业的共赢。

所谓基层股东，就是股权激励中，员工变成的股东，或者占公司股份份额很少的股东。

股权激励的主要目的在于培养和发展员工，让一部分员工变成公司的股东，服务于基层。

待培养和发展员工应具备以下条件：

（1）忠诚——忠心者不被解雇

公司可能开除有能力的员工，但对一个忠心耿耿的人，一般企业老板会看重这种员工，这种人会成为单位这个铁打营盘中最长久的战士，而且是最有发展前景的员工。

忠诚的员工具有以下特点：站在老板的立场上思考问题；与上级分享自己的想法；时刻维护公司的利益；琢磨为公司赚钱；在外界诱惑面前经得起考验。

（2）敬业——每天比老板多做一小时

随着社会的发展，中国进入知识化经济时代，人们的知识背景越来越趋同，学历、文凭已不再是公司挑选员工的首要条件。很多公司考察员工的第一条件就是敬业，其次才是专业水平。

敬业员工的特点如下：工作的目的不仅仅在于报酬；提供超出报酬的服务与努力；乐意为工作作出个人牺牲；模糊上下班概念，完成工作再谈休息；重视工作中的每一个细节。

（3）自动自发——不要事事等人交代

不要事事等人交代，一个人只要能自动自发地做好一切，哪怕起点比别人低，也会有很大的发展，自动自发的人永远受老板欢迎。

自动自发的员工特点如下：从"要我做"到"我要做"；主动分担一些"分外"事；先做后说，给上司惊喜；学会毛遂自荐；高标准要求：要求一步，做到三步；拿捏好主动的尺度，不急于表现、出风头甚至抢别人的工作。

（4）负责——绝对没有借口，保证完成任务

勇于承担责任的人，对企业有着重要的意义，一个人工作能力可以比别人差，但是一定不能缺乏责任感，凡事推三阻四、找客观原因，而不反思自己，一定会失去上级的信任。

负责的员工主要特点如下：责任的核心在于责任心；把每一件小事都做好；言必信，行必果；错就是错，绝对不找借口；不因一点疏忽而铸成大错。

（5）注重效率——算算使用成本

高效的工作习惯是每一个渴望成功的人士所必备的，也是每个单位都非常看重的。

工作高效的人士特点如下：跟穷忙、瞎忙说"再见"；心无旁骛，专心致志；量化、细化每天的工作；拖延是最狠毒的职业杀手；牢记优先，要事第一；防止完美主义成为效率的大敌。

（6）结果导向——咬定功劳，不看苦劳

有个著名的白猫黑猫理论："无论黑猫、白猫，抓得到老鼠就是好猫！"无论苦干、巧干，出成绩的员工才会受到众人的肯定。企业重视的是你有多少"功"，而不是有多少"苦"。

结果导向的人士特点如下：一开始就想怎样把事情做成；办法永远要比问题多；聪明地工作而不仅仅是努力工作；没有条件，就创造条件；把任务完成得超出预期。

（7）善于沟通——当面开口，当场解决

不好沟通者，即便自己再有才，也只是一个人的才干，既不能传承，又无法进步；好沟通者，哪怕很平庸，也可以边干边学，最终实现自己的价值。

善于沟通人士的特点如下：沟通和八卦是两回事；不说和说得过多都是一种错；带着方案去提问题，当面沟通，当场解决；培养接受批评的情商；胸怀大局，既报喜也报忧；内部可以有矛盾，对外一定要一致。

（8）合作——团队提前，自我退后

团队提前，自我退后。不管个人能力多强，只要伤害到团队，公司决不会让你久留——不要认为缺了你一个，团队就无法运转！

善于合作人士的特点如下：滴水融入大海，个人融入团队；服从总体安排；遵守纪律才能保证战斗力；不做团队的"短板"，如果现在是，就要给自己"增高"；多为别人、为团队考虑。

（9）积极进取——永远跟上企业的步伐

个人要依附于集体，永远要跟上企业的步伐，企业永远要跟上市场的步伐；无论是职场还是市场，无论是个人还是企业，参与者都不希望被淘汰。为此就一定要前进，停就意味着放弃，意味着出局！

积极进取人士的特点如下：以空杯心态去学习、去汲取；不要总生气，而要争气；不一年经验重复用十年；挤时间给自己"增高""充电"；发展自己的"比较优势"；挑战自我，未雨绸缪。

（10）低调——才高不必自傲

才高不必自傲，不要以为自己不说、不宣扬，别人就看不到你的功劳，别在同事面前炫耀。

低调人士的特点如下：不邀功请赏；克服"大材小用"的心理；不摆架子要资格；凡是人，皆须敬；努力做到名实相符，配得上自己的位置；成绩只是开始，荣誉当作动力。

（11）节约——别把老板的钱不当钱

节约不是抠门，而是美德。不要把公司的钱不当钱，公司"锅"里有，员工"碗"里才有；同样，"锅"里多，"碗"里也自然就多。

节约人士的特点如下：报销账目，一定要诚信；不要小聪明，不贪小便宜；不浪费公司的资源，哪怕是一张纸；珍惜工作的每一分钟时间；每付出成本，都要力争最大收益；记住：省下的，就是利润！

（12）感恩——想想是谁成就了今天的你

为什么我们能允许自己的过失，却对他人、对公司有这么多的抱怨？再有才华的人，也需要别人给你展示的机会，也需要他人对你或大或小的帮助。你现在的幸福不是你一个人就能成就的。

懂得感恩人士的特点如下：老板给了你饭碗；工作给你的不仅是报酬，还有学习、成长的机会；同事给了你工作中的配合；客户帮你创造了业绩；对手让你看到距离和发展空间；批评者让你不断完善自我。

职业素养的高低，品格的优劣，对人一生的成就有重大的影响。

有位老兄声名很大，而且出名很久了，胡适先生就为他写过文章，并推举他为全中国人的代表，他就是差不多先生。

差不多先生常常说："凡事只要差不多就好了，何必太认真呢？"

比如他小的时候，妈妈叫他去买红糖，他买了白糖回来。妈妈就骂他，他摇摇头说："红糖白糖不是差不多吗？"

他在学堂的时候，先生问他："河北省的西边是哪个省？"他说是陕西。先生说，"错了，是山西，不是陕西。"他说："陕西同山西，不是差不多吗？"

后来他在一个钱铺里做伙计，他也会写，也会算，只是总不精细。"十"字常常写成"千"字，"千"字常常写成"十"字。掌柜的生气了，常常骂他。他只是笑嘻嘻地赔小心道："'千'字比'十'字只多一小撇，差不多，差不多。"

差不多先生有一次得了急病，就赶快叫家人去请东街的汪医生。可家人急急忙忙一时寻不着，却把西街牛医王大夫请来了。差不多先生病在床上，知道找错了人，但病急了，身上痛苦，心里焦急，心里想："好在王大夫同汪大夫也差不多，让他试试看罢。"于是这位牛医王大夫用医牛的法子给差不多先生治病，于是一个小时后差不多先生就一命呜呼了。

差不多先生差不多要死的时候，一口气断断续续地说道："活人同死人也差……差……差不多，……凡事只要……差……差……不多……就好了，……何……何必……太……太认真呢？"他说完了这句话，方才绝气。

这就是胡适先生文章里的差不多先生，他似乎时时在我们身边出现。在企业里，也有很多"差不多主管"，发生着一些差不多的事情。

开会的时候，"差不多主管"说："差不多时间到就好了，何必一定要准时到呢？"于是"差不多主管"迟到了足足 10 分钟。

制订工作计划的时候，"差不多主管"说："做得差不多清楚就可以了，多留点余地多好。"于是最初计划好的人力、物力、工作安排在真正做的时候不停修改调整，推倒重来。

"差不多主管"负责公司的产品生产、质量管理的时候，常常说："差不多达到要求就可以了，何必搞得这么累呢？"于是公司产品合格率下降了 10%。"差不多主管"仍旧说："99% 和 89% 的合格率其实也差不多。"

"差不多主管"给客户做工程设计和安装时候，拍拍脑袋说："差不多就可以了。"结果客户向公司投诉不能用，"差不多主管"无辜地说："差不多就行了，何必这么挑剔呢？"

"差不多主管"负责招聘新员工的时候，常常没谈两句就把人招进来，后面用起来才发现不合要求，只好辞退重新再招。"差不多主管"于是也很无奈："嘿嘿，招个合格的员工还真难。"

……

一个会议，如果有 20 个人参加，大家都等那个最晚到的人 10 分钟，等于 20 个人每人都浪费 10 分钟，3 个多小时就这样白白溜走了；一个工作计划，实施到一半又推翻重来，损失可能数十万元甚至上百万计，人员也疲于应付，丧失斗志；企业的产品合格率下降 10%，如果企业一年生产 10000 台产品，每台成本 10000 元，就等于直接损失了上千万元；客户投诉，就需要重新检查线路、重新返工调试，不仅费人费钱，还影响了公司的形象；招聘人员，不确定严格的要求和标准，草率进人，不仅增加招聘成本，更影响各部门正常的工作计划和进度，损失不可谓不大。

要将"差不多"现象彻底消灭，需要做到建立标准、学习标准、执行标准。为什么在企业里有这么多差不多现象存在？因为企业缺少标准，员工不知道也不去学标准，违反了标准也没关系，于是就出现了"差不多就行了，何必那么认真呢"。

建立标准，就是要根据岗位确定岗位工作职责，细化每一项工作内容完成要求，制订工作完成的合格标准（底线），良好的标准，优秀的标准。

学习标准，是在企业建立标准后，组织各岗位的员工学习直至明确了解他们的工作职责和每一项工作内容完成的要求，如有需要，对工作能力或意愿有所欠缺的员工进行培训。

执行标准，就是建立标准化工作流程管理和考核体系，保证员工按照工作标准执行，采取过程控制和工作结果导向管理，奖优罚劣。

这样，每个岗位的人员都知道自己要干什么工作，每个员工都清楚做一件事情做到什么样的程度算合格，做到什么样的程度算优秀，每个员工都了解如果做得不合格该负什么责任，如果做得优秀会得到什么奖励。公司也要明确员工做得比标准好就得奖励，做得不符合标准就应承担相应的责任，这样，员工才是职业化的员工；团队，才是职业化的团队。

第四节　合作共赢：正确的入股思维

团结有效率，团队出成绩。这是团队合作时代对团队精神的一个诠释。团队精神是一种心态，是新员工融入团队，与团队发展共呼吸的一种内在责任感。正如毛泽东所说："团结一致，同心同德，任何强大的敌人，任何困难的环境，都会向我们投降。"

一个团队的伟大并不是由于某个成员的伟大，而是它作为一个集体的伟大。正如海尔集团创始人张瑞敏所说：就单个员工而言，海尔员工并不比其他企业的员工优秀，但能力互补、具有良好团队合作精神的"海尔团队"却是无坚不摧的。

团队精神的体现，就是在具体工作中密切协作。一个团体中，如果成员们彼此齐心协力，分工协作，就容易实现团队的目标；倘若互不合作，即使做好本职工作，也会各自为政使得整个团队如同一盘散沙，团队就很可能因为协调不够而失败。要知道，在失败的团队中，所有成员都是失败者。

拳头之所以要比手指更能伤人，是因为拳头是由五个手指攥紧而成的；一只脚站立很容易跌倒，所以我们有两只脚；一种药物的治病效果有限，所以我们几种药物并用。解放军为什么能够百战不殆，因为解放军具有团结协作的集体主义精神。一滴水是微不足道的，整个大海却是无限的。员工的力量是有限的，集体的力量却是巨大的。

职业经理人的入股思维，其实就是一种合作共赢的思维。团队具有战斗力，必须心在一起，才能劲往一处使。

知识经济时代，很多企业的规模越来越大，但执行效率却越来越低。为了提高执行力，组织变革是必要的，而变革重在赋予每个人机会，让他们充分发挥出自身潜力。越来越多的企业认识到，答案就在"团队"上。

第五节　股东约束机制：丑话说在前面

内部控制是现代企业公司治理的重要制度，也是防止和发现舞弊的重要措施。中小企业的经营者往往风险意识薄弱，企业在内部控制上存在管理混乱的现象。完善的内部控制制度包括规范的内部环境、严谨的风险评估、有效的控制活动、良好的信息与沟通以及内部监督。良好的内部控制制度有利于保障企业资产完整不受侵害、帮助企业实现其经营目标。

内部控制是现代企业公司治理的核心。

某煤矿公司煤矿属高瓦斯矿井，开采深度大、矿压大、地温高，地质条件复杂。该公司 2008 年年初发生了一起安全事故。公司某矿井安全检查员发现一段工作面有塌方隐患，曾就此问题向其所在部门的领导进行反映，但由于当时公司领导忙于处理雪灾问题，并未给予答复。后矿井发生小规模塌方，所幸并无人员伤亡。为加强安全管理，公司临时停产，进行了煤矿综采工作全面搬迁和巷修工作。你认为该公司内部控制存在哪些问题？

该公司至少存在两方面的缺陷：

首先，缺乏必要的风险评估。公司对安全问题给企业带来的风险重视不够，未能及时对其采取措施，在塌方发生后进行修复成本更高，使公司遭受损失。

其次，公司在信息与沟通方面存在缺陷。有效的沟通应当在企业内部以全方位的方式进行，包括管理者与普通员工的沟通，也包括企业与外部各方的有效沟通。该公司员工在发现问题后向其所在部门的领导进行反映，但并未得到任何答复，这说明内部沟通出现了问题。

煤炭生产企业是存在重大安全隐患的企业，安全是确保公司正常运营及赢利的前提条件。本例中虽然未造成严重后果，但显示了公司内部控制存在的问题。

公司治理是目前全球的热门话题。我国近 10 年来开始加强对上市公司的公司治理结构的监管，目前已向各类企业全面推进。中小企业如果要做大做强，并获得资本市场融资资格，必须建立完善的公司治理结构。

公司治理的作用在于通过合理的组织架构使企业的决策、经营、控制达到最优，减少武断、舞弊、错误等行为给企业带来的损失。其中，内部控制是公司治理的重要组成内容之一。

内部控制源于内部牵制。内部牵制制度的建立基于以下两个假设：两个或两个以上的人或部门，无意识犯同样错误的可能性很小；两个或两个以上的人或部门，有意识地合伙舞弊的可能性大大低于一个人或部门舞弊的可能性。

内部牵制制度的主要特点是，任何个人或部门不能单独控制任何一项或一部分业务，权力需要进行组织上的责任分工，每项业务的执行通过其他个人或部门的参与实现交叉检查控制。这些制度在当前企业管理中仍广泛使用，比如会计、出纳的岗位分离，"管钱不管账，管账不管钱"的基本思想都源于内部牵制制度。

随着管理理论及相关理论和实践的发展，企业内部控制理论也得到了重大推进。内部控制的最基本功能就是防范舞弊行为，保护企业的资产完整不受侵害。

员工为什么不努力？可能是机制出了问题！

企业的三驾马车的升级：一是老板（思维的升级），多出去看看，多学习学习，不能闭门造车；二是团队（发展战略的升级），如带团队出去学习，死穴就是老板蓦然回首，发现后继无人；三是产品和产业必须升级，升级你的产品，提高竞争力。

企业的发展方向大部分是中高层决策的。动车组理论：动车的动力分布到每一节车厢上。传统列车是火车头动力带领。公司老板和中高层一条心，那么就像动车一样跑得快；如果只是老板像火车头在前面带，那么只会像传统列车，无法达到动车的速度。

股东约束机制，就是制定游戏规则，机制就是奖惩的标准。

机制和制度的区别如下：机制是由下而上制定的，制度是由上而下制定的；机制是激发人，制度是约束人；今天机制多，以往制度多。机制就是丑话说在前面——事情该怎么做，做完该怎么分。

机制的使用规则：谁用谁制定（核心是民主化）。必须让一部分人先富起来（榜样的作用），老板之道就是打破平衡，制造落差，落差才能产生能量。机制永远要试运营，运营一个阶段后要立刻更新。凡是能落地到位、可行性强的，立刻在公司立法确定。

员工来企业一个月离职是因为没有培训的体系，员工来企业三个月离职是因为和上级处不好关系，员工来企业半年离职是因为收入不平衡，员工来企业一年离职是因为没有发展平台，员工来企业三年离职是因为彻底没希望了。

（1）进入机制

进入公司必须按照投入进行股权分配，要分批进入，凡进入者在公司必须有考察期。

（2）退出机制

凡在岗不能完全称职者，经股东举手表决，停薪留职，考察期两个月内不能胜任工作者，停止所有薪金发放、撤职。如发生不可抗拒的意外时，以其入股的时间按此标准逐年稀释完毕。中途发生退股时，必须经股东同意方可转让，转让必须以内部优先，转让时不以现金形式兑换（防止股东套现），如：此人入股15万股，入股2年，如果转让，需按其入股的2年，24个月，平均每月发放。不能私自在内部股东交易转让。

（3）薪酬机制

薪（以最低保障为标准）；酬（公司付出的回报）。薪酬定制的原则如下：必须让一部分人先富起来。必须把薪酬细化到每个月。必须视觉化、触觉化，让员工知道奖励是什么，让其看得到，摸得到，有时可以先让其用，达不到目标再收回。老板签字画押，老板不需要承诺什么，以书面的签字确认为主，更具信服力，公司订立薪酬不要一视同仁，一定要分新、老、先、后。

（4）提成机制

起步提成不能低于同行业，提成最高上限不能超过同行业最高工资2倍（不能把企业树立成同行业的公敌）。提成必须实现阶梯性（必须是用力伸手就可以触碰到的）。提成必须以月用现金的形式发放（透明化）。

（5）奖金机制

制订奖金机制的目的是拉动员工。奖就要奖得心花怒放，罚就要罚得五体投地。设半月奖和月奖，起到下半个月的拉动作用。奖金机制必须以民主化、市场化、透明化落地，市场化的二八理论，抓住 20% 极限化。

（6）分红机制

分红必须以年为单位（如果以月为单位，下半个月工作状态就没有了）。分红必须实行全员制，用分红来协调和建设部门之间的合作关系。后勤部门按年纯利润 20% 以下进行分红。所有高层不享有现金分红，享有开分公司的资金投入。高层按分红的钱计入公司干股比例。

（7）晋升机制

某公司运营经理晋升体制：在公司必须蝉联三届销售冠军，所在的团队必须是公司前两名的团队（团队数必须在四支以上），且全体员工 80% 举手通过，公司领导层必须 90% 举手通过。在公司晋升时，必须举行全体晋升大会，总经理签字确认。

如运营总监晋升机制：自己所带团队必须孵化出三个运营经理；自己所带团队必须是前三甲团队（团队必须四支以上）；公司员工必须 80% 举手通过；公司领导层必须 100% 举手通过；必须担当过公司销售前三名；总经理签字确认。

员工今天之所以停步不前，成员老是没有创业激情。原因是他们不能清晰地看到自己的下一步在哪里。没有人会关注你从哪里来，但是所有人都关注你将到哪里去。

不管在企业里还是生活中，凡是做事能主动往前走的人都是忠臣，凡是掐点的都是小人，凡是晚来的就是死人。

第六节　股东同化原理：平衡股东自我利益冲突

由于公司的各个股东所持股份额的不同，控股股东往往利用自己在公司中的优势地位，限制少数股东的权利。股东之间的利益冲突主要体现在选举董监事、股利分配以及公司收购中。

要平衡股东间的利益冲突，必须对控股股东的权利予以限制，实现股东权利的实质平等。同时，采取措施加强少数股东在公司的发言权。

股东同化不仅仅是一个机制的问题，更是老板一开始进行创业，选择合作伙伴的智慧。

创业者想要组建一支能够协同作战的团队，就不能仅希望挑选最优秀的伙伴，而是要选择最合适的创业伙伴。因为创业跟足球比赛一样，需要一个团队具有比较完备的素质和能力。团队要具备这样的能力，就要求团队具备不同优势的成员，并且能相互配合，实现优势互补。这就意味着，团队的创建者要根据实际需求选择合适的合作伙伴，而不是单纯选择能力突出的人。

柳传志刚开始创业的时候，就是根据实际需要选择创业伙伴的。联想公司刚创立，柳传志身边虽然有了王树和与张祖祥辅佐，但是这样的人员搭配还不足以成事。因为张祖祥天性忠厚，但是缺乏权谋，不能应对复杂的人际关系；而王树和则缺少决断能力，没有不怒自威的领袖形象。柳传志感觉自己需要一个技术高超的工程师和一个具有执行力的职业经理人员。于是，他说服技术精湛的倪光南和敢作敢为的李勤加盟，使创业团队变得相对完整。

之后，随着更多的合适创业者的加入，柳传志的创业队伍更加完备，而联想也因此成长壮大。由此来看，创业者选择合伙人，不能抱着试试看的态度来挑选，也不能凭自己的感觉行事，必须从多方面来考虑自己的真正需要，充分对照自己的创业环境和自身的利益来评判。

创业者要根据自己的实际需要选择合适的合作伙伴，但是合适的合伙人还是有着比较鲜明的共性的。

第一，合适的合作者要有出色的人品。柳传志说过，用人先看德。搜狐董事局主席张朝阳也说："在搜狐，我们要找聪明的好人，一个是要聪明，第二个是人要好。"这些创业大家之所以如此注重创业伙伴的人品，就是因为一个人的能力可以培养，但是人品不可以培养。创业团队成员的人品，将直接决定这个公司能走多远。创业过程中，一定会涉及利益分配的问题，几名创始人能不能团结一致，不仅与共同的经济利益相关，还和人品相关。团队成员只有具备不错的人品作支撑，才能做到相互信赖，专心做事。如果没有好的人品做基础，他们就难以真正产生信赖感，而当爆发利益冲突的时候，调和起来就相当困难。所以，选人一定先看人品。

第二，合适的合伙人是与自己有共同梦想的人。有梦想才有动力，一个优秀的创业团队，靠的就是同一个梦想牵引着前进。团队成员之间，有了共同的理想，才能真正形成合力。如果大家的追求不一致，将是团队快速分裂的最大潜在隐患。比尔·盖茨与保罗·艾伦的共同梦想是在个人电脑时代大展身手，柳传志跟他的创业成员最初共同的梦想是让科学成果变成现实的利润。这些创业先锋之所以成功，就是因为他们的团队成员梦想一致，共同的梦想使他们团结在一起，不论遇到什么样的困难，都不离不弃。所以说，创业者想要组建一个战斗力出色的团队，就要选择与自己梦想接近的人。

第三，合适的创业伙伴是能与自己形成优势互补的人。团队成员之间最好能形成优势互补。创业团队要想成功，需要比较完备的素质和能力，如果团队成员之间的能力比较单一和雷同，不能形成互补，那么这支团队就不具备相对完备的能力，也就无法经受创业中的各种风险和挑战。所以说，创业者在寻找合作伙伴的时候，不能只找同一类型的人，而是要尽可能地吸纳各种人才。这样做，才能使团队成员之间既能做到知识、经验和资源上的互补，也能做到性格、能力上的互补。空中网的创始人杨宁在谈到寻找搭档的时候就说："寻找好的搭档，经验是首先一定要互补，而不是跟自己一样的，当然更不是相克的。"

对于一个刚刚创业的人来说，只要能找到那些人品优秀，有着共同的梦想，而且能形成优势互补的人组成核心团队，一般都能使企业安全度过创业生存期。但是，创业者要想使团队有强大的战斗力，选择合作者的时候还得注意以下几点。

第一，最好不要找那些挑战欲望很强的人。这些人的才能确实不错，有很强的冲劲，而且创业靠的就是他们身上的一种勇猛。但是他们有很大的弱点，那就是不容易被管理。这类人虽然表面上服从管理，但是心里不会服气。他们的挑战欲望会使创始人的权威受到损害。团队里有这样的合作者存在，肯定不利于大家的团结，时间久了，会不利于公司的发展。

第二，遇到合适的合作者，不要因为没有具体的职位给他而错过。

当一个人经营一家创业公司，遇到一个不错的合作者时，他可能说："哎，真可惜，我们这儿的职位已经有人了。"他用这样的理由放弃一个不错的合伙人。这样做是非常不明智的，因为很多人才是可遇而不可求的，创业者遇到合适的人不容易，错过更可惜。

现在很多大公司都推行"因人设岗"这个理念，创业公司也可以这么做。当公司遇到特别合适的合作者时，一定不要因为没有具体职位而放弃，而是要想办法让他加入自己的团队。公司可能没有现成的岗位提供给他，但是可以根据他的能力为他量身打造一个职位。随着创业的深入，他的能力可能会给公司提供很大的发展空间。不少创业公司都是因为一个能力很强的人加入，而改变了发展策略甚至发展方向的。实践证明，一个人可以盘活一家公司。

第三，为了吸引合作者，创业者可以包装自己，但不能过分。在寻找合适的合伙人的时候，我们当然会努力讲述创业前景，传播自己的伟大理想。但是，创业者最好不要跟别人许诺"我们要成为下一个Face-book（脸书）、微软"之类的空话。因为当你达不到当初许诺的目标时，团队成员会非常失望，甚至选择离开。所以说，创业者不过分包装创业前景，对组建团队非常重要。

第七节 公司人格混同：公司和股东的法律风险防范

我们首先来看一个案例：

吴某和迟某曾在同一家公司做学徒，一起从事磨具加工工作，二人属同门师兄弟关系。在掌握一定生产技能之后，二人相约自立门户，共同出资设立了一家小型磨具加工公司，股权比例各占 50%。

由于吴某和迟某都只具有生产技术经验，没有任何经营管理背景，更不知道公司的运作规则，不懂得公司有股东会、董事会、总经理、监事会的治理结构，他们认为自己是公司老板，公司的一切都是自己的。

于是乎在公司运营期间，二人都插手经营，对采购、生产、计划、销售、财务等方面的事务，不时发布相互矛盾的指令，公司管理十分混乱。更有甚者，公司一旦实现销售收入，股东随意从公司提取现金，公司财务多次提出异议，均被二人以自己是公司老板予以驳回。

很多初次创业的小型企业投资者，会有这样的误解，认为公司是自己的，公司的一切都属个人财产，完全忽视了公司的独立法人地位。这种误解导致的直接后果就是股东与公司的人格混同，公司成为股东工具，股东随意侵占公司财产，损害债权人利益。

股东虽是公司的老板，但是股东和公司各具有法律上独立的人格，在财务和资产上二者是严格分开的。《公司法》第三条规定："公司是企业法人，有独立的法人财产，享有法人财产权。公司以其全部财产对公司的债务承担责任。"

股东将资产投入公司以后，是以自己的财产所有权交换公司的股权。因此，公司财产属于公司自己，而不是股东，只有等到公司注销清算之时，公司资产经过清算还债程序以后，剩余财产才能分配给股东。

为了保证公司独立人格，公司法规定了公司基本的治理结构，及股东会、董事会、总经理和监事会，各机构承担不同的职责且相互制约，任何股东个人不得逾越上述机构随意参与公司事务。

案例中吴某和迟某完全无视公司的独立法律主体地位，不仅以个人身份参与公司管理随意发号施令，还将公司财产与个人财产混同，违反了国家有关企业财务管理制度的规定，如果因此导致公司或债权人利益损害，债权人可以依法否定公司人格，直接越过公司要求股东承担赔偿责任。

为防范公司和股东人格混同，建议采取如下防范措施：

（1）公司成立后应通过公司章程或其他组织文件完善公司治理机构，明确股东会、董事会、监事会各自职能以及组织机构之间分工协调、利益制衡的相互关系，确保公司在优化的组织架构内有效运行。

（2）在经营管理方面，应明确股东会、董事会、总经理的职权分工，切忌股东人格和公司人格、股东个人身份和公司管理人员身份关系之间的混淆，股东必须通过合法程序担任董事、总经理或其他高级管理人员职务，方可在职权范围内进行活动，尽量避免股东以个人身份参与公司事务，影响公司正常运营。

（3）董事会和总经理是公司核心管理结构，因此公司章程应明确董事、总经理的选任和免职程序，避免部分股东控制公司意志，影响公司独立人格。

（4）如果出现股东与公司人格混同的情形，应及时通过公司内部的自救程序或者借助法律诉讼程序追究股东个人责任。

第八节 对创始股东的高度认同：准股东的核心条件

不断进取，是不满足现状、积极向上的行为表现。进取心，是一种向上的力量，存在于每个人的体内，推动每一个人不断完善自我，勇敢追求。

世界顶尖潜能大师安东尼·罗宾说过："并非大多数人命里注定不能成为爱因斯坦式的人物，任何一个平凡的人，只要发挥出足够的潜能，都可以成就一番惊天动地的伟业。"爱因斯坦成功的秘诀，并不在于他的大脑内部比起其他人有多么与众不同，用他自己的一句话总结就是："成功在于超越平常人的进取精神以及为科学事业忘我牺牲的精神。"

大多数成功者，往往是那些无论身处怎样艰苦、不公平的环境中，都拥有强烈进取心的人。他们凭借奋进拼搏的精神，最大限度地开发了自己的潜能，将工作做得比其他人更加出色。

如果你崇拜你的老板，那就把崇拜转化成学习的动力，把你的老板当作学习的榜样，因为榜样的力量是无穷的。

> 曾有人想了解比尔·盖茨是如何获得成功的。比尔·盖茨的回答是："工作勤奋，对自己要求苛刻。"实际上，他每天都废寝忘食地工作。他每天上午大约9点钟来到办公室，之后就一直待到深夜，除了吃饭时休息一小会儿，始终处于工作状态。
>
> 所以，不公平是客观存在的，而努力才是最重要的。因为不公平而抱怨的人，只会让自己的情绪越来越负面。而那些能够在不公平中迎难而上的人，则会创造一个美好的未来。

对创始股东的高度认同，其实从另外一个角度体现了创始人的领导力问题。

领导究竟应该怎样定义？它是一个人，一个职位，还是一个过程？有没有这样一种领导，即便不需要任何职位，也能吸引大家为了一个共同的目标前进?

领导者的本质之一就是发挥自身的影响力，确定正确的目标，然后带领追随者到达正确的目的地。在这个过程中，领导者的个人魅力发挥着巨大的作用。从这个意义上说，领导力就是影响力。

公司在进行股权激励，选择准股东时，对创始股东的高度认同就是核心条件。马云是这样的人，李彦宏和马化腾同样也是。

首先，领导者的影响力，体现在方方面面。同样任何一个优秀的领导者都是有梦想的人，他想实现自己的梦想，并且为了这个梦想，愿意付出巨大的代价，甚至是生命。

其次，影响力体现在领导者的个人意志力上。充满影响力的领导者都是意志坚强的人，尽管在实现梦想的过程中会遇到各种挫折，但他们也会一如既往地坚持，执着地实现自己的梦想。

再次，激情和勇气。一个领导者的影响力很大程度上体现在他的激情和勇气上。在面对困难的时候，领导者首先动用自己内在的激情去鼓动大家，然后用自己的勇气去激励大伙。没有勇气和激情的人，是无法成为一个有影响力的领导者的。

最后，有影响力的领导者都是充满智慧的人。他们会用战略的眼光去看待和处理问题。以此来取得最佳的效果。如果一个人在决策的时候，常常考虑眼前的利益，而不是用一个长远的眼光看问题，就不会有人愿意追随他，即便有人跟着他做事，也一定不会坚持太久。所以，好的领导都是智慧诚实的人，他们渴望成功，也会用自己的智慧带领大家一起成功，而不是只在乎自己的利益。

很多人都认为，一个人只有拥有很高的职位或者头衔，才能具备领导力。事实并非如此，领导力与头衔无关。这是因为，领导力是能力，而不是职位。一个人不管有没有下属，只要他进行了领导的活动，就发挥了领导力，成为领导者。相反，如果一个人拥有很高的头衔，但是他没有发挥影响力，也不具备领导力。

每个人每一天都有机会领导别人。这跟职位高低、资历深浅无关，也无关你是帮着持家，协助运作家长教师协会，还是管理一家入选"全球 500 强"的企业。不论身份地位高低，任何人都可以修炼成为领导者，并改变或影响身边的世界。现实生活中的很多例子都能印证这个观点。我们到孩子的游戏场上去看，有人被选为队长，有的人自发成为队长。这些事实上成为"孩子王"的孩子，实际上并没有什么头衔，但是他们因为参与了领导的活动，所以具备了领导力。

领导力与头衔无关的另一个重要原因就是，领导是变革而不是管理。领导力是改变现状，管理是维持现有的秩序。领导力和管理当然不能截然分开，但是大师们几乎无一例外地承认两者之间存在不同。领导力大师詹姆斯·麦格雷戈·伯恩斯在其《领导力》一书中，区分了交易型领导和变革型领导。深受该书影响的读者说："交易型领导其实是管理，变革型领导才是领导。"

领导的职能是带来建设性的或适应性的变革。而管理的基本职能是自动平衡，即通过让关键变量持续保持在容许的范围内，使系统维持下去。大部分平衡的首要方面是控制，因此控制处于管理的中心位置。变革也需要管理，特别是成功的变革，70%～90%靠领导力，只有10%～30%要靠管理。

管理是更正式的运作，而领导常常不那么正式。很多领导者比如甘地和马丁·路德·金，他们既非被选举的，也不是被任命的，但他们能够领导追随者，他们用行为吸引追随者。因此，领导力不是关于头衔，而是关于行为。

通过上面的分析可以知道，高职位并不能给一个人的领导力增值，当然也不会给一个人减分。所以，一个人想要成为一个具备领导力的领导者就必须提升个人的影响力。

那么如何提高个人影响力呢？心理学家麦克斯威尔博士总结了领袖身上的三个共同特质：

首先，成功的领袖都有明确的始终如一的目标。这种"目的性"和"方向感"是领袖行为的基础，它决定了具体行动和政策的成败。

其次，领袖要不断进步，终身学习。麦克斯威尔博士指出，成功的领导者从内心深处感到学习的重要性。他们永不满足，永不懈怠，终身学习，不断进取。在世界形势飞速变化的今天，只有不断学习才能适应环境的变化。

最后，领袖要为他人"增加价值"。事实上，一个好的领导者，一定会主动帮助下属，提升下属，全方位地影响下属。他有一种让下属迅速成长进步的热情和渴望，并具备这样的能力和魄力。

通过这些特质我们可以看出，一个成功的领导者想要做到影响他人就必须坚持以下原则：

首先，领袖想要影响他人，就必须学会对他人表示尊重。妄自尊大、故步自封、唯我独尊、武断专横的领导会低估和忽略他人，甚至把他人视为机器来操控和支配。这样的领导当然不会有什么影响力。所以，领导者必须有能力建立好的人际关系，这是领导者成功的重要条件，合理运用人际关系所带来的价值也是成功领袖的必备要素。

其次，领导者要善于倾听，要有换位思考的同理心。好的领导者大多是好的倾听者，只有先听，充分理解对象的情况，才能正确决策，合理地使用激励手段，达到影响追随者的目的。因此，一个合格的领导，必须对下属进行培训、教育和开发，不断提高下属的素质、品质和能力，发展并培育一支战斗力很强的团队，共同实现组织所希望达到的目标。只有伟大的团队才能造就伟大的事业。而只有具备宽阔胸怀的领袖，才能在自己周围建立一个人人都是精兵强将的领导班子。

再次，领导要不断提升自己，不断提高自己的领导才能，不断学习，持续增加自己的"附加值"，否则他们没有能力领导新形势下的员工和下属。

最后，一个具备影响力的领导，必须拥有正面的积极的态度。面对困难、挑战和压力，什么是决定成功的要素？是领导者的态度，因为态度决定一切。态度实际上是一种思维方式，一种信念，一种内在价值观。内心怀有坚定信念的人往往遇事不慌，态度积极，在奋斗的道路上勇往直前，毫不退缩，最后战胜自我，实现超越。你感觉你能够战胜困难，你就可能战胜它；你想你应该成为什么样的人，你就可能成为什么样的人。

因此，积极的、向上的态度是领袖成功的必要保障；而消极的态度，诸如缺乏宽容，对人忌妒，自我膨胀，情绪悲观，则是领导失败的重要因素。所以，有效的领导力永远建立在一种积极的态度上面，而积极态度的实质是本人"愿意改变自己现有的态度"。态度决定生活方式，态度决定人际关系的好坏，态度使坏事变为好事，使挑战变为机遇。

第六章

股改财务：企业股改落地财务基础

很多人并没有意识到，一次完美的执行，应该是效率与效益的统一，而不仅仅是要一个好的结果。效率自然是在有效的时间内完成任务，而效益强调的是制度约束下的结果。

脱离了制度约束的结果，看似完成了任务，实际上却可能给团队的长久发展带来更大的隐患。因此，一次有效的执行，应该是在有效的时间内，在不违反公司制度的前提下，严格按照工作的流程，完美地完成工作任务。

股权改制的财务制度，对于股改的成功非常重要，所以企业必须认真实施。

企业要想把制度执行到底，并不是一件容易的事。很多人并不希望按制度做事，而一旦制度制定得不合理，人们这种心理就会更加强烈。所以，如何让团队成员都能在制度的约束下工作，对团队领导来说是一个很大的挑战。

王石曾说过："一个制度规范的企业，才能产生更高的效率，让企业摆脱对个人的依赖，让企业减少波动以及由此而来的附加成本，获得一个健康的成长环境。"

对万科来说，当房地产开发进入"类工业化时代"的时候，运营效率的重要性无疑被大大提高了。然而，强调效率并不是片面追求速度而不追求运营的质量。

孙宏斌的"顺驰速度"曾经是房地产业内的奇迹，但奇迹终究未能有一个完美结局。由于过于冒险的财务政策以及疏松的运营管理，顺驰融创资金链在宏观政策巨幅调整下终于支撑不住，以12亿元的"跳楼价"将自己托付给了路劲基建。

同样依靠大量项目滚动开发的万科，与顺驰截然不同。在保障财务管理稳健运行的基础上，万科狠抓流程、制度管理。日常的工作当中，万科员工几乎不用浪费任何时间在摸索工作流程上，只要按照内部网上提供的工作流程图及说明文照做就可以了。这也保证了万科分布在全国各地的70多个项目能够在总部统一指挥下正常运转，不至于因"天高皇帝远"造成部分项目操作失控。

相比万科，顺驰融创输在了对流程和制度的执行上。了解顺驰融创的人都知道，其在内部管理方面也曾经有过一套看上去很完美的工作流程和制度。

但是由于公司片面强调发展的速度，忽视了对制度、流程的重视，终于造成了"有法不依""执法不严"的局面，个别子公司普通员工都可以越级签署数百万元的合同，这样混乱的管理，公司又怎么能有战斗力呢？

第一节　股改前的思想统一很重要

股改是上市公司的股权分置改革，是通过非流通股股东和流通股股东之间的利益平衡协商机制，消除 A 股市场股份转让制度性差异的过程。股权分置也称为股权分裂，是指上市公司的一部分股份上市流通，另一部分股份暂时不上市流通。前者为流通股，主要成分为社会公众股；后者为非流通股，大多为国有股和法人股。

股改说白了，就是政府将以前不可以上市流通的国有股（还包括其他各种形式不能流通的股票）拿到市场上流通，以前不叫股权分置改革，以前叫国有股减持，现在叫上市公司股权分置改革。

而非上市公司股改与上市公司的股改不同。不少企业家将自己公司的股权激励、股份制公司设立通俗地称为"股改"。目前，股改已经成为企业留住核心员工、吸引优秀人才的大趋势。

实施股份制改革，目的在于对传统体制下建立的国有企业制度进行有效改革。但在实施股改的过程中，员工在心理上难免会有一个不断调整、不断适应的过程。因此，企业要做好员工思想工作，实施有针对性的引导，从而保证股份制改革顺利进行。

（1）精心准备，不打无准备之仗

要想做好员工的思想工作，管理者必须加强对股份制中的信息收集，使自己的思想跟上改革形势，始终站在股份制改革的最前沿，只有在自己的思想过硬的时候，才能在将来做员工工作时游刃有余，真正发挥好组织带头和表率作用。

管理者要对本单位员工的思想情况进行调查摸底，及时掌握和发现员工在工作和针对当前股份制改革中的思想变化，摸准他们的思想脉搏和思想走向，针对客观情况，进行正确估价，以便能把握住时机，争取在做思想工作时占据主动。只有在发现问题，弄清问题的时候，才能为将来正确解决问题做好充分准备。

（2）全面出击，把思想工作落到实处

解决思想问题与实际问题相结合。凡是有思想问题的员工，往往与在实际工作中遇到的困难有一定的联系，特别是股份制改革的关键时期，企业要发扬民主的原则，积极主动与其沟通情况，本着尊重人、理解人、关心人的原则，动之以情，晓之以理，施之以爱，及时解决其思想问题，在帮助员工提高思想修为的同时，还要尽可能帮助他们解决实际困难，想其所想，急其所急。只有对症下药，加以正确引导，才能消除其思想障碍，保证工作顺利完成，从而使整个企业股份制改革顺利完成。

表扬和批评要相结合，及时确立先进典型。无论做什么事情都要有标杆、准则，同样，做思想工作，也要善于发现员工中蕴含着的闪光思想和先进行为，尤其是对股份制改革有利的先进思想和先进行为，要及时给予表扬。要确立先进典型，以此来激发员工内在的积极因素，促进先进思想和行为发扬光大，使其他员工在工作中有努力的方向，在思想上有学习的榜样，这要比一味的说教更切合实际，更有说服力。

当然，表扬并不等于放弃批评，在适当的时候，对于工作或思想上的不良行为和动态，特别是那些不利改革的思想、作风，要给予批评，及时遏止一些社会坏风气、不良思想在员工中传播，将其消灭在萌芽

状态。

加强股份制改革知识的普及和教育引导，培育员工的良好心态，才能使其思想基础更加稳固。对股份制改革的知识不了解，也是员工在股份制改革中思想上容易产生困惑的一个原因。企业必须加强股份制改革的知识的宣传和普及，将股份制改革中应注意的事项、未来发展前景、改革程序，等等，通过内部网络、宣传栏等形式在内部及时公开，让大家及时了解真实信息，这样既有利于员工全面了解股份制是怎么一回事，又能避免员工在思想上产生偏差和误解，企业要尽量满足员工精神上的需求，增强员工的认同感。

（3）及时巩固工作成果

企业在开展员工思想工作的同时，要注意维护员工民主权利。当出现工作成果时，不要沾沾自喜，得意忘形，而要针对不同情况采取措施巩固成果，广泛征求员工意见，及时进行信息反馈，使员工的民主权利得到发挥。要始终尊重、相信、依靠员工，只有这样，才能更好开展工作，使股份制改革顺利进行。

第二节　股改方式的选择及实施步骤

股权设置主要有四种形式：国家股、法人股、个人股、外资股。而1994年7月1日生效的《公司法》，对股份公司就已不再设置国家股、集体股和个人股，而是按股东权益的不同，设置普通股、优先股等。

普通股股东在公司提列了公积金、公益金以及支付了优先股股利后，才能参与盈余分配，其股利具有不确定性。优先股由于优先于普通股股东分得股利。所以，清算时，优先股优于普通股。但是优先股一般不参与管理，而且没有表决权。

公司股权改制时，应当因地制宜选择股权类型。

股东根据投资主体性质分为：国有股、国有法人股、社会法人股、个人股和外资股。对于国有股，股利需要上缴。对于国有法人股，由于有国有资本参股，具有稳定性，且审批程序简便，因此，尽可能设置为此种股权。对于外资股，如果需要流通的，可以设置 B 股、H 股，如果不需要流通的，就应当设置为一般股。

有限责任公司整体变更为股份有限公司是指在股权结构、主营业务和资产等方面维持同一公司主体，将有限责任公司整体以组织形式变更的方式改制为股份有限公司，并将公司经审计的净资产额相应折合为有限公司的股份总额。

整体变更完成后，仅仅是公司组织形式不同，而企业仍然是同一个持续经营的会计主体。

股权改制的具体操作步骤如下：

（1）设立改制筹备小组，专门负责本次改制工作

筹备小组通常由董事长或董事会秘书牵头，汇集公司生产、技术、财务等方面的负责人，不定期召开会议，就改制过程中遇到的有关问题进行商讨，必要时还应提请董事会决定。

筹备小组具体负责以下工作：研究拟订改组方案和组织形式；聘请改制有关中介机构，并与中介机构接洽；整理和准备公司有关的文件和资料；召集中介机构协调会，提供中介机构所要求的各种文件和资料，回答中介机构提出的问题；拟定改制的有关文件；向政府主管部门申报文件或备案，取得政府批文；联络发起人；办理股份有限公司设立等工作。

（2）选择发起人

现行法律规定，设立股份有限公司应当有 2 人以上 200 人以下为发起人。如果拟改制的有限责任公司现有股东人数符合该要求，则可以直接由现有股东以公司资产发起设立；如果现有股东不足或现有股东有不愿意参加本次发起设立的，则应引入新的股东作为发起人，由现有股东向其转让部分股权，对公司股权结构进行改组，然后由改组后的股东以公司资产共同发起设立股份有限公司。

但有一个需要注意的问题是，股东的变更要满足申请发行前，最近 3 年内实际控制人不发生变化的要求。有的公司在改制前已经联系好合适的发起人，也可能会借机引入战略投资者或风险投资者，以及具有行业背景或专业技术背景的投资者，以壮大企业的综合实力。

（3）聘请中介机构

筹备小组成立后可联系和聘请中介机构，包括保荐机构、发行人律师、审计师、资产评估师等机构。被选择的中介机构应具备从业资格，筹备小组在经过慎重考察后，应当确定本次改制上市的各中介机构人选，并与之签署委托协议或相关合同，正式建立法律关系。

（4）尽职调查、资产评估与审计

在公司与各中介机构签署委托协议后，各机构应根据情况进场工作，分别对公司的有关情况进行调查和审计。保荐机构应对公司整体情况尤其是商务经营情况进行全面调查，并在调查基础上起草本次改制上市的招股说明书；发行律师应对公司的法律事宜进行全面调查，并起草法律意见书和律师工作报告；会计师对公司近 3 年的财务状况进行审计，形成审计报告；资产评估师对公司的资产状况进行评估，形成资产评估报告。

值得注意的是，国家工商总局的要求是，按照评估报告数值作为验资报告股本数额确认；而证监会最新要求是，要求以会计报表上净资产数额确认改制后公司股本数额。如果审计报告净资产数额低于评估报告数额，则选择审计报告上净资产作为验资报告股本数额，符合国家工商局和证监会两家要求。

如果评估报告上资产价格数据低于审计报告净资产数据，则选用评估报告数据作为验资报告上股本数额。当然，如果公司不需要三年内上市，则可以按照评估报告数据作为验资报告上股本数量，反映人而无须考虑审计报告数据。

（5）产权界定

公司筹备过程中，为了准确确定公司资产，区分其他主体的资产，有时要进行财产清查，在清查基础上对财产所有权进行甄别和确认。尤其是占有国有资产的公司，应当在改制前对国有资产进行评估，避免国有资产受到损害。

（6）国有股权设置

改制公司涉及国有资产投入的，要对公司改制后国有股的设置问题向国有资产管理部门申请批准相关股权设置的文件，对国有资产作价及相应持股进行审批。通常在申报国有股权设置申请书的同时，还要求公司律师就国有股权设置出具法律意见书。

（7）制订改制方案

签署发起人协议和章程草案。改制方案涉及以下几个方面问题需要达成一致。

首先，股份公司注册资本的数额。应由各发起人共同商定净资产折股比例，确定注册资本的数额。

其次，各发起人的持股比例。原则上按照各发起人在原公司中的股权比例来确定，如有调整应在此阶段商定。

签署发起人协议、公司章程草案。公司改制中应形成如下改制文件和文本：股东会关于公司改制的决议、改制申请书、改制可行性研究报告、发起人框架协议、公司章程及企业改制总体设计方案等。

（8）申请并办理设立报批手续

涉及国有股权的应向国有资产管理部门申请办理国有股权设置的批文；涉及国有土地出资的还应由国有土地管理部门出具国有土地处置方案批复。

（9）认缴及招募股份

如以发起设立股份有限公司的，发起人根据章程规定认缴股份；一次缴纳的，应当缴纳全部出资；分期缴纳的应当缴纳首期出资。以实物、工业产权、非专利技术或土地使用权等非货币性资产出资的，应经资产评估并依法办理该产权的转移手续。

募集方式设立的，发起人认购股份不得少于股份总额的 35%。发起人不能按时足额缴纳股款的，应对其他发起人承担违约责任。缴纳股款后应经会计师验资确认并出具验资报告。

（10）注册成立股份有限公司

发起人首次缴纳出资后，应当选举董事会和监事会，由董事会向公司登记机关保送公司章程、由验资机构出具验资证明及其他文件，申请设立登记。

以募集设立的，发行股份的股款募足并经验资后，发起人应在 30 日内主持召开公司创立大会，审议公司设立费用和发起人用于抵作股款的财产的作价。产生公司董事会、监事会并召开第一次会议。创立大会结束后 30 日内，持相关文件申请设立登记。经工商登记机关核准后，颁发股份有限公司营业执照。股份公司正式宣告成立。

第三节 企业财务报表分析

财务报表是企业财务报告的核心，主要包括基本财务报表及附注，如资产负债表、利润表、现金流量表、所有者权益变动表等。各种财务报表的内容既相互区别，又相互补充、相互衔接，构成了一个完整的反映中小企业财务状况、经营成果、现金流量的指标体系，全面系统概括地揭示中小企业的经营状况。

具体来说，财务报表具有以下作用：

第一，有助于使用者了解企业的财务状况、经营成果和现金流量。比如，财务报表的信息是债权人（银行，担保公司）判断企业偿债能力，市场投资风险的重要依据。

第二，有助于中小企业的管理层进行宏观决策。

第三，有助于中小企业管理层发现并解决企业存在的问题。

由财务报表的作用可以看出，财务报表就是公司的体检表，使用者可以根据财务报表看出企业的经营情况。

(1) 资产负债表

资产负债表是反映企业在某一特定日期（如月末、季末、年末）全部资产、负债和所有者权益情况的会计报表，是企业经营活动的静态体现，根据"资产＝负债＋所有者权益"这一平衡公式，依照一定的分类标准和一定的次序，将某一特定日期的资产、负债、所有者权益的具体项目予以适当的排列编制而成。

财务报表中，有以下三大要素：

①资产

资产是指过去的交易或事项形成的并有企业拥有或控制的资源，该资源预期会给企业带来经济利益。资产的核心是预期未来会带来经济利益流入企业，资产具有以下特征：

第一，资产预期能够给企业带来经济利益。所谓经济利益，是指直接或间接地流入企业的现金或现金等价物。

第二，资产是企业所拥有或控制的资源。企业拥有即所有权归属企业，企业控制由企业支配使用而不归其所有，资产尽管有不同的来源渠道，可一旦进入企业并成为企业资产（拥有或控制），置于企业的控制之下，便成为企业可以自主经营和运用、处置的资源。

第三，资产是由过去的交易或事项形成的。资产按其流动性可分为

流动资产、长期投资、固定资产、无形资产及其他资产。

②负债

负债是由过去的交易或事项形成的现实义务，履行该义务预期会导致经济利益流出企业。如果把资产理解为企业的权利，那么负债就可以理解为企业所承担的义务。

企业的负债有如下特点：

第一，负债是企业承担的现实义务。

第二，负债是由过去的交易或事项形成的。

第三，履行该义务预期会导致经济利益流出企业。

③所有者权益

所有者权益是指所有者在企业资产中享有的经济利益，其余额为资产减去负债后的余额，又被称为净资产。

所有者权益的特点如下：

第一，除非发生减资、清算，企业不需要偿还所有者的权益。

第二，企业清算时，负债往往优先偿还，而所有者权益只有在清偿完所有的负债后才返回给所有者。

第三，所有者凭借所有者权益能够参与到利润的分配中，而债权人则不能参与。

所有者权益在性质上体现为对企业资产的剩余利益，在数量上等于资产减去负债的余额。所有者权益包括企业投资人对企业的投入资本，以及形成的资本公积金、盈余公积金和未分配利润等。其中盈余公积金和未分配利润又被称为留存收益。

（2）利润表

利润表是反映企业在一定会计期间经营成果的报表，由于它反映的是某一期间的情况，企业的经营成果既可能表现为盈利，也可能表现为亏损，因此，利润表也被称为损益表。

利润表是根据"收入－费用＝利润"的基本关系来编制的，其具体内容取决于收入、费用、利润等会计要素及其内容。

①收入

收入是企业在销售商品、提供劳务及让渡资本使用权等日常活动中形成的经济利益的总收入。收入的特点如下：

第一，收入是从企业的日常经营活动中产生的，如企业销售商品、提供劳务等收入。

第二，收入可能表现为企业资产的增加，也可能表现为企业负债的减少，也可能同时引起资产的增加与负债的减少，比如销售商品抵偿债务同时收取部分现金。

第三，收入将引起所有者权益的增加。

第四，收入只包括本企业经济利益的流入，而不包括为第三方或客户代收的款项。

②费用

费用是企业在销售商品、提供劳务等日常活动中发生的经济利益的总流出，与收入相对应。费用的特点如下：

第一，费用是企业在日常活动中发生的经济利益的流出。

第二，费用可能表现为资产的减少或负债的增加，或者兼而有之。

第三，费用可能会导致所有者权益的减少。

③利润

利润是指企业在一定会计期间的经营成果，包括营业利润、利润总额和净利润。营业利润是企业在销售商品、提供劳务等日常活动中所产生的利润，为主营业务收入减去营业成本和主营业务税金及附加，加上其他业务利润，减去营业费用、管理费用和财务费用后的金额。

（3）现金流量表

现金流量表是财务报表的三个基本报告之一，所表达的是在一个固定期间内，一家公司的现金增减变动情形。现金流量表的出现，主要是要反映出资产负债表中各个项目对现金流量的影响，并根据其用途划分为经营、投资及融资三个活动分类。现金流量表可用于分析一家公司在短期内有没有足够现金去应付开销。

现金流量表是反映一家公司在一定时期现金流入和现金流出动态状况的报表，其组成内容与资产负债表和损益表相一致。通过现金流量表，可以概括反映经营活动、投资活动和筹资活动对企业现金流入流出的影响，对于评价企业的实现利润、财务状况及财务管理，要比传统的损益表提供更好的基础。

很多企业之所以短寿，主要是因为缺乏现金。俗话说得好："地主家要有余粮"，这样才能有效地增强企业应对环境不确定性的能力。企业的经营者除了需要算清楚"口袋"里应该有多少现金，还需要时时关注现金是否还在"口袋"里。

在西方发达国家80%的破产企业，虽然从账面上看起来是获利的，但是却因为资不抵债、现金流量管理不好而宣告破产。一个公司账面利润再高，如果没有充足的现金流，也无法进行正常的经营活动，甚至会因财务状况恶化而倒闭。

由于现金不足，企业一方面将因为赊欠货款情况的不断增加，而导致供货商终止供货，无法继续生产；另一方面，企业将因追讨货款而官司缠身，无法正常经营。由于现金不足，工人工资无法按时发放，将导致企业职工人心惶惶，甚至工人罢工。由于现金不足，税金无法及时上缴，将导致税务部门上门清收；由于现金不足，到期债务无法按时归还，借款本息无法支付，将导致企业被迫清算破产。

"地主家有余粮"，能有效地增强企业应对环境不确定性的能力，增强企业的财务弹性，是企业的经营者应该把握的现金管理技巧之一。

第四节　企业资产评估方法

企业价值是通过企业在市场中保持较强的竞争力，实现持续发展来实现的。企业价值体现在企业未来的经济收益能力。企业价值评估就是通过科学的评估方法，对企业的公平市场价值进行分析和衡量。

那么，价值评估方法有哪些，它们的特点是什么。目前，在实际的价值评估实务中，主要有三种评估方法：收益法、市场法、成本法。

（1）收益法

收益法，是依据资产未来预期收益经折现或资本化处理来估测资产价值的方法。

其评估思路是：将企业的未来现金流量分为两段，从现在至未来若干年为前段，若干年后至无穷远为后段。

前段和后段的划分以现金流量由增长期转入稳定期为界，对于前段企业的现金流量呈不断地增长的趋势，需对其进行逐年折现计算。

在后段，企业现金流量已经进入了稳定的发展态势，企业针对具体情况假定按某一规律变化，并根据现金流量变化规律对企业持续营期的现金流量进行折现，将前后两段企业现金流量折现值加总即可得到企业的评估价值。

（2）市场法

市场法又称相对估价法。是将目标企业与可比企业对比，根据不同的企业特点，确定某项财务指标为主要变量，用可比企业价值来衡量企业价值。即：

企业价值＝可比企业基本财务比率×目标企业相关指标

在实际使用中经常采用的基本财务比率有市盈率（市价/净利）、市净率（市价/净资产）、市价/销售额等。

由计算公式可以看出，在用市场法评估企业价值时，最关键的是选择可比企业和可比指标。对于可比企业的选择标准，首先要选择同行业的企业，同时还要求是生产同一产品的市场地位类似的企业。其次，要考虑企业的资产结构和财务指标。可比指标应选择与企业价值直接相关并且可观测的变量。销售收入、现金净流量、利润、净资产是选择的对象。因此，相关性的大小对目标企业的最终评估价值是有较大影响的，相关性越强，所得出的目标企业的评估价值越可靠、合理。

在产权交易和证券市场相对规范的市场经济发达的国家，市场法是评估企业价值的重要方法。在产权市场尚不发达、企业交易案例难以收集的情况下，存在着可比企业选择上的难度，即便选择了非常相似的企业，由于市场的多样性，其发展的背景、内在质量也存在着相当大的差别。

这种方法缺少实质的理论基础作支撑，这就是运用市场法确定目标企业最终评估值的局限性所在。市场法仅作为一种单纯的计算技术对其他两种方法起补充作用。

（3）成本法

成本法又称成本加和法。采用这种方法，是将被评估企业视为一个生产要素的组合体，在对各项资产清查核实的基础上，逐一对各项可确指资产进行评估，并确认企业是否存在商誉或经济性损耗，将各单项可确认资产评估值加总后再加上企业的商誉或减去经济性损耗，就可以得到企业价值的评估值。其计算公式为：

企业整体资产价值 $= \sum$ 单项可确指资产评估值 $+$ 商誉

从评估公式来看，采用成本加和法评估企业价值一般需要以下几个步骤：

确定纳入企业价值评估范围的资产，逐项评估各单项资产并加总评估值。首先是对企业可确指资产逐项进行评估，因此，确定企业价值评估范围尤为重要。从产权的角度看，企业价值评估的范围应该是全部资产。从有效资产的角度看，在对企业整体评估时，需将企业资产范围内的有效资产与对整体获利能力无贡献的无效资产进行正确界定与区分。对企业持续经营有贡献的资产，应以继续使用为假设前提，评估其有用价值。

确定企业的商誉或经济性损耗。由于企业单项资产评估后加总的价值无法反映各单项资产间的有机组合因素产生的整合效应，无法反映未在会计账目上的表现的无形资产，也无法反映企业经济性损耗，因此，还需要用适当的方法分析确定企业的商誉或经济性损耗。

企业的负债审核。用成本法评估企业价值，而评估目标是确定企业净资产价值时，对企业负债进行审核。对于企业负债的审核包括两个方面内容：一是负债的确认；二是负债的计量。从总体上讲，对企业负债的审核，基本上要以审计准则和方法进行，以正确揭示企业的负债情况。

确定企业整体资产评估价值，验证评估结果。将企业各项单项资产评估值加总，再加上企业的商誉或减去经济性损耗，就得到企业整体资产评估价值。对用成本加和法评估企业价值的结果，还应运用企业价值评估的其他方法（通常是收益法）进行验证，以验证成本法评估结果的科学性、合理性。

以持续经营为前提对企业价值进行评估时，成本法一般不应当作为唯一使用的评估方法。

在企业价值评估中，由于历史原因，成本法成为我国企业价值评估实践中的首选方法和主要方法被广泛使用。

但成本法在企业价值评估中也存在着各种利弊。有利之处主要是将企业的各项资产逐一进行评估然后加和得出企业价值，简便易行。不利之处主要在于：一是模糊了单项资产与整体资产的区别。凡是整体性资产都具有综合获利能力，整体资产是由单项资产构成的，但却不是单项资产的简单加总。企业中的各类单项资产，需要投入大量的人力资产以及规范的组织结构来进行正常的生产经营，成本加和法显然无法反映组织这些单项资产的人力资产及企业组织的价值。因此，采用成本法确定企业评估值，仅仅包含了有形资产和可确指无形资产的价值，无法体现作为不可确指的无形资产——商誉。二是不能充分体现企业价值评估的评价功能。企业价值本来可以通过对企业未来的经营情况、收益能力的预测来进行评价。而成本法只是从资产购建的角度来评估企业的价值，没有考虑企业的运行效率和经营业绩，在这种情况下，假如同一时期的同一类企业的原始投资额相同，则无论其效益好坏，评估值都将趋向一致。这个结果是与市场经济的客观规律相违背的。

成本法、市场法、收益法是国际公认的三大价值评估方法，也是我国价值评估理论和实践中普遍认可和采用的评估方法。就方法本身而言，并无哪种方法有绝对的优势。就具体的评估项目而言，由于评估目的、评估对象、资料收集情况等相关条件不同，要恰当地选择一种或多种评估方法，因为企业价值评估的目的是给市场交易或管理决策提供标准或参考，所以，评估价值的公允性、客观性都是非常重要的。

第五节　如何正确计提固定资产折旧

资产负债表里的固定资产科目，主要是看它的真实性。在会计做账的时候，固定资产可以折旧到费用里面，这涉及所得税的问题。

> 在固定资产提折旧的时候，某公司碰到一件事情。在会计提折旧的时候，提着提着出了问题。在公司的账面上，固定资产的最后净值都是负数了。

最后固定资产净值出现负数是很可笑的事情。那是为什么会出现负数了呢？

在会计处理上，固定资产最后都是要留残值的。如果正规操作，固定资产不可能出现负数。出现负数的原因，一定是多提了，多转入费用了。

比如说固定资产折旧提多了，一定是会计提忘了。可能本来提5

年，会计还在提，提 6 年 7 年 8 年……很多人做报表，为了做报表而做报表，特别是现在不做手工账，依赖财务软件做账。

对于会计新人，包括刚学账的人，要先做手工账，真正积累经验。不要依赖财务软件，财务软件得出来的是一个结果，过程到底是怎么回事都没有弄明白，所以容易出错误。

对于资产负债表里的待摊费用和折旧这块，主要看待摊费用或者折旧的合理性。

正确计提固定资产折旧，主要有以下几种方法。

年限平均法（也称直线法）：

年折旧率 ＝（1 － 预计净残值率）÷ 预计使用寿命（年）× 100% 月折旧额 ＝ 固定资产原价 × 年折旧率 ÷ 12

工作量法：

单位工作量折旧额 ＝ 固定资产原价 ×（1 － 预计净残值率）／ 预计总工作量 某项固定资产月折旧额 ＝ 该项固定资产当月工作量 × 单位工作量折旧额

双倍余额递减法（加速折旧法）：

年折旧率 ＝2 ÷ 预计使用寿命（年）× 100% 月折旧额 ＝ 固定资产净值 × 年折旧率 ÷ 12

年数总合法（加速折旧法）：

年折旧率 ＝ 尚可使用寿命／ 预计使用寿命的年数总合 × 100 % 月折旧额 ＝（固定资产原价 － 预计净残值）× 年折旧率 ÷ 12

一般企业使用较多的是直线法。企业计提折旧可以个别计提，也可分类计提。

月折旧额 ＝（原始价值－残值）／使用年限／12

月折旧率 = 月折旧额/原始价值残值率（一般取值为 5%）。

《中华人民共和国企业所得税法实施条例》第六十条规定：除国务院财政、税务主管部门另有规定外，固定资产计算折旧的最低年限如下：房屋、建筑物，为 20 年；飞机、火车、轮船、机器、机械和其他生产设备，为 10 年；与生产经营活动有关的器具、工具、家具等，为 5 年；飞机、火车、轮船以外的运输工具，为 4 年；电子设备，为 3 年。

固定资产是企业为生产商品、提供劳务对外出租或经营管理而持有的，使用寿命超过一个会计年度的有形资产，包括房屋、建筑物、机器、机械、运输工具以及其他与生产经营活动有关的设备、器具、工具等。固定资产折旧的实质是一种价值转移过程和资金形态的变化过程，正确提取折旧，不但有利于正确计算产品成本，而且保证了固定资产再生产的资金来源。

企业的固定资产有不同的来源，有的是外购，有的是自建，现从不同来源的资产说明其计提折旧的基数。

（1）外购的固定资产

《企业会计准则》（以下简称《准则》）规定，外购的固定资产成本包括购买价款、相关税费、使固定资产达到预定可使用状态前所发生的可归属于该项资产的运输费、装卸费、安装费和专业人员服务费等。

《企业所得税法》（以下简称《税法》）则以购买价款和支付的相关税费以及直接归属于使该资产达到预定用途发生的其他支出为计税基础。

（2）自行建造的固定资产

《准则》规定自行建造固定资产的成本，由建造该项资产达到预定可使用状态前所发生的必要支出构成。

《税法》则以竣工结算前发生的支出为计税基础。

（3）融资租入的固定资产

《准则》规定，在租赁期开始日，承租人应当将租赁开始日租赁资产公允价值与最低租赁付款额现值两者中较低者作为租入资产的入账价值。承租人在租赁谈判和签订租赁合同过程中发生的，可归属于租赁项目的手续费、律师费、差旅费、印花税等初始直接费用，应当计入租入资产价值。

《税法》规定，以租赁合同约定的付款总额和承租人在签订租赁合同过程中发生的相关费用为计税基础，租赁合同未约定付款总额的，以该资产的公允价值和承租人在签订租赁合同过程中发生的相关费用为计税基础。

（4）投资取得的固定资产

《准则》规定，按照投资合同或协议约定的价值加上应支付的相关税费作为入账价值，但合同或协议约定价值不公允的除外。

《税法》则以该资产的公允价值和支付的相关税费为计税基础。

（5）非货币性资产交换取得的固定资产

《准则》规定，企业在按照换出资产的账面价值和应支付的相关税费作为换入资产成本的情况下，发生补价的，应当分别按下列情况处理：支付补价的，应当以换出资产的账面价值，加上支付的补价和应支付的相关税费，作为换入资产的成本，不确认损益；收到补价的，应当以换出资产的账面价值，减去收到的补价并加上应支付的相关税费，作为换入资产的成本，不确认损益。

税法则以该资产的公允价值和支付的相关税费为计税基础。

（6）债务重组取得的固定资产

《准则》《税法》均以资产的公允价值和支付的相关税费为计提折旧基数。

（7）改建的固定资产

《准则》规定，固定资产的更新改造等后续支出，满足"与该固定资产有关的经济利益很可能流入企业、该固定资产的成本能够可靠地计量"两个条件的，应当计入固定资产成本，如有被替换的部分，应扣除其账面价值。

《税法》规定除已足额提取折旧的固定资产的改建支出和租入固定资产的改建支出外，以改建过程中发生的改建支出增加计税基础。

（8）盘盈的固定资产

《准则》规定，固定资产盘盈应作为前期差错处理，盘盈时，首先确定盘盈固定资产的原值、累计折旧和固定资产净值，所以盘盈的固定资产根据取得时应确认的价值作为计提折旧基数。

《税法》则以同类固定资产的重置完全价值为计税基础。

外购的、自行建造的、投资取得的、债务重组取得的固定资产，《准则》《税法》规定的其折旧基数是基本一致的。

第六节 股改费用的账务处理方法

针对股权分置改革过程中涉及对价问题的会计处理，财政部制定了《上市公司股权分置改革相关会计处理暂行规定》（以下简称《暂行规定》）。

(1) 会计科目设置及支付对价的会计处理

非流通股股东设置"股权分置流通权"和"应付权证"科目，分别核算企业以各种方式支付对价取得的在证券交易所挂牌交易的流通权和企业为取得流通权而发行权证的价值。具体会计处理如下：

以支付现金方式取得的流通权。企业根据经批准的股权分置方案，以支付现金方式取得的流通权，应当按照所支付的金额，借记"股权分置流通权"科目，贷记"银行存款"等科目。

以送股或缩股方式取得的流通权。企业根据经批准的股权分置方案，以送股或缩股的方式取得的流通权，以成本法核算该项长期投资的，应当按照送股或缩股部分所对应的长期股权投资账面价值，借记"股权分置流通权"科目，贷记"长期股权投资"科目；以权益法核算该项长期投资的，在贷记"长期股权投资"科目时应当按比例贷记相关明细科目。

以上市公司资本公积转增或派发股票股利形成的股份，送给流通股股东的方式取得的流通权。企业根据经过批准的股权分置方案，将上市公司资本公积转增或派发股票股利形成的股份中非流通股股东分得的部分。送给流通股股东，应首先按照上市公司资本公积金转增或派发股票股利进行会计处理。然后，企业比照送股的规定对向流通股股东赠送股份进行会计处理。

以发行权证方式获得流通权的资产。《暂行规定》中对此种方式的会计处理做了详尽的规定，不仅区分认购权证和认股权证、股份结算和现金结算，还就免费发放权证和有偿发行权证情形下如何进行会计处理做了详细的说明。若以一定价格发行权证，则实际收到的金额应当贷记"应付权证"科目，并在行权时按比例结转，存续期满，"应付权证"科目应当首先冲减"股权分置流通权"科目，"股权分置流通权"科目的余额冲减至零后，"应付权证"科目的余额计入"资本公积"科目，即不能计入损益。

对于其他创新对价方式的会计处理，《暂行规定》针对目前股改过程中已出现的创新列出了两种情形：向上市公司注入优质资产、豁免上市公司债务、替上市公司承担债务的方式取得流通权；以承诺方式取得的流通权。前一种情形下，应按照注入资产、豁免债务、承担债务的账面价值，借记"股权分置流通权"科目，贷记相关资产或负债科目。后一种情形下取得时只需备查登记，待承诺实现时再按照《暂行规定》中的相关原则进行处理。

（2）取得流通权的非流通股份出售的会计处理

企业取得的流通权，平时不进行结转，一般也不计提减值准备，待取得流通权的非流通股出售时，再按出售的部分按比例予以结转。企业出售取得流通权的非流通股时，按照收到的金额，借记"银行存款"科目，按照出售股份部分所对应的长期股权投资账面价值，贷记"长期股权投资"科目，按其差额，贷记或借记"投资收益"科目。同时，按应结转的股权分置流通权成本，借记"投资收益"科目，贷记"股权分置流通权"科目。

（3）财务报表的列报

企业应在其资产负债表中的长期资产栏目内单列"股权分置流通权"反映；应在流动负债栏目内单列"应付权证"反映。对于以承诺方式或发行权证方式取得的非流通股的流通权，应在财务报表附注中予以披露，说明承诺的具体内容；对于发行的认购权证或认沽权证，也应在财务报表附注中说明发行的认购权证或认沽权证的具体内容。

第七节　股权的转让与优先购买权

股权就是指投资人由于向公民合伙和向企业法人投资而享有的权利。

向合伙组织投资，股东承担的是无限责任；向法人投资，股东承担的是有限责任。所以二者虽然都是股权，但两者之间仍有区别。

向法人投资者股权的内容主要有：股东有只以投资额为限承担民事责任的权利；股东有参与、制定和修改法人章程的权利；股东有自己出任法人管理者或决定法人管理者人选的权利；股东有参与股东大会，决定法人重大事宜的权利；股东有从企业法人那里分取红利的权利；股东有依法转让股权的权利；股东有在法人终止后收回剩余财产等权利。而这些权利都是源于股东向法人投资而享有的权利。

向合伙组织投资者的股权，除不享有上述股权中的第一项外，其他相应的权利完全相同。

股权和法人财产权和合伙组织财产权，均来源于投资财产的所有权。投资人向被投资人投资的目的是赢利，是将财产交给被投资人经营和承担民事责任，而不是将财产拱手送给了被投资人。所以，法人财产权和合伙组织的财产权是有限授权性质的权利。授予出的权利是被投资人财产权，没有授出的，保留在自己手中的权力和由此派生出的权利就是股权。两者都是不完整的所有权。被投资人的财产权主要体现投资财产所有权的外在形式，股权则主要代表投资财产所有权的核心内容。

法人财产权和股权的相互关系有以下几点：

（1）股权与法人财产权同时产生，它们都是投资产生的法律后果。

（2）从总体上说，股权决定法人财产权，但也有特殊和例外，因为股东大会是企业法人的权力机构，它做出的决议、决定法人必须执行，而这些决议、决定正是投资人行使股权的集中体现。所以通常情况下，股权决定法人财产权。股权是法人财产权的内核，股权是法人财产权的灵魂。但在承担民事责任时，法人却无须经过股东大会的批准、认可，这是法人财产权不受股权辖制的一个例外，也是法人制度的必然要求。

（3）股权从某种意义上说是对法人的控制权，取得了企业法人百分之百的股权，也就取得了对企业法人百分之百的控制权。股权掌握在国家手中，企业法人最终就要受国家的控制；股权掌握在公民手中，企业法人最终就要受公民的控制；股权掌握在母公司手中，企业法人最终就要受母公司的控制。这是古今中外不争的社会现实。

（4）股权转让会导致法人财产的所有权整体转移，但却与法人财产权毫不相干。企业及其财产整体转让的形式就是企业股权的全部转让。全部股权的转让意味着股东大会成员的大换血，企业财产的易主。但股权全部转让不会影响企业注册资本的变化，不会影响企业使用的固定资产和流动资金，不会妨碍法人以其财产承担民事责任。所以，法人财产权不会因为股权转让而发生改变。

股权与合伙组织财产权的相互关系与以上情况类似。

股权虽然不能完全等同于所有权，但它是所有权的核心内容。享有股权的投资人是财产的所有者。股权不能离开法人财产权而单独存在，法人财产权也不能离开股权而单独存在。

股权根本不是什么债权、社员权等不着边际的权利。

人们之所以多年来不能正确认识股权与法人财产权，主要是因为人们没有看到它们产生的源头，没有研究二者内在联系。一些人对法人的习惯认识还存在一定的缺陷。

我国《公司法》规定，股东有权通过法定方式，转让其全部出资或者部分出资。

股权转让协议是当事人以转让股权为目的而达成的关于出让方交付股权并收取价金，受让方支付价金得到股权的意思表示。股权转让是一种物权变动行为，股权转让后，股东基于股东地位而对公司所发生的权利义务关系全部同时移转于受让人，受让人因此成为公司的股东，取得股东权。

根据《合同法》第四十四条第一款的规定，股权转让合同自成立时生效。但股权转让合同的生效并不等同于股权转让生效。股权转让合同的生效是指对合同当事人产生法律约束力的问题，股权转让的生效是指股权何时发生转移，即受让方何时取得股东身份的问题，所以，必须关注股权转让协议签订后的适当履行问题。

股东优先购买权是股东享有的同等条件下，优先购买其他股东拟转让股权的权利。该优先购买权是有限责任公司股东特有的一种法定权利。

《公司法》之所以规定股东享有优先购买权，主要目的是保证有限责任公司的老股东可以通过行使优先购买权实现对公司的控制权。该规定体现了对有限责任公司"人合性"的维护和对老股东对公司贡献的承认。

股东向股东以外的人转让股权，应当经其他股东过半数同意。股东应就其股权转让事项书面通知其他股东，征求意见，其他股东自接到书面通知之日起满三十日未答复的，视为同意转让。其他股东半数以上不同意转让的，不同意的股东应当购买该转让的股权；不购买的，视为同意转让。

经股东同意转让的股权，在同等条件下，其他股东有优先购买权。两个以上股东主张行使优先购买权的，协商确定各自的购买比例；协商不成的，按照转让时各自的出资比例行使优先购买权。

公司章程对股权转让另有规定的，从其规定。

第八节　按股东的职位分配股权的比例

创业者通常采用两种方式确定公司的股权结构，一是按照股东的出资比例进行分配，二是在股东之间平均分配。前者容易触发股东贡献和持股比例不匹配的问题，后者则会削弱核心创始人对公司的控制力，影响公司的决策效率。

（1）股权分配的三大原则

创业如逆水行舟，只有同行者目的明确、方向一致、公平和激励并存才能成就长远、稳定的关系。股权分配就是这么一个落实到"人"

的过程，它的目的不仅是要通过"丑话说在前头"来确立规则，还要明确公司基因和价值观、达成股东间的共识。

鉴于创业公司初期股东和管理层通常是重叠的，暂无须考虑股东与管理层之间的博弈，确立股权分配时需要考虑三个因素，分别是：股东于资源层面的贡献、股东于公司治理层面的把控以及公司未来的融资造血空间，当然上述三个因素仍有分解的空间，比如资源就可以按出资、投入时间细化，出资又可以按照货币、实物、知识产权等对公司的价值进一步细化。

（2）选择实缴注册资本比认缴注册资本好

虽然 2014 年 3 月 1 日施行的新《公司法》采用认缴注册资本制，即除非法律、行政法规以及国务院决定另有规定外，公司的注册资本不必经验资程序，由全体股东承诺认缴即可，认缴期限由股东自行约定，但是，这不意味着股东可以"只认不缴"，也不是说注册资本越高越好。

认缴制下股东的出资义务只是暂缓缴纳，股东仍要以认缴的出资额为限、为公司的债务承担责任，若股东为了显示公司实力，不切实际地认缴高额注册资本，那么将面临多重法律风险，例如当债权人向公司索偿时，股东的清偿责任也随之加重，又如公司解散时，股东尚未缴纳的出资将作为清算财产，另外也需要考虑税务风险。

创业公司要根据实际情况合理确定注册资本，选择实缴并进行验资，使得"公司"这种企业形式能够充分发挥它的风险隔离效果。

（3）股权分配方案要最终落地于工商登记

出资是股权分配的必要依据，却非唯一依据，创业者最终核算的股权分配方案往往与出资比例不一致，有些创业者会采用阴阳协议的方式，一方面签署投资协议固定真实的股权比例，另一方面按照出资比例完成工商登记。

但是，上述方式的法律风险很大，一旦涉诉，不仅创业者的股东权益难以获得保护，亦会消耗大量的时间成本，导致公司错失成长良机。

在此情形下，可考虑采取股本溢价方式解决：首先，创业者之前签署投资协议，明确每位创业者的实际出资和股权比例；其次，由创业者按照确认的股权比例和换算后的出资额进行工商登记，把股东超出登记出资额的部分计入资本公积金。

（4）以公司治理结构保障核心创始人的控制权

按照我国《公司法》规定：在无特别约定时，股东会作出的一般决议需要股东所持表决权的半数通过，股东会作出的特别决议如修改公司章程、增加或者减少注册资本的决议，公司合并、分立、解散或者变更公司形式等，需要股东所持表决权的 2/3 通过，表决权与股权比例挂钩。结合实际情况，创业公司往往有多个创始人，加之股权众筹大行其道，核心创始人的持股有可能达不到绝对控股比例（即持股区间等于或超过公司注册资本的 51%～67%）。此情形下，欲保障核心创始人的控制权，就需要将表决权与持股比例分开来，并以公司章程的形式予以落实。

（5）期权池还是由核心创始人代持的好

对创业公司来说，预留期权池不是新鲜话题。财大气粗是创业公司的目标而非创业公司的现实，成长性才是创业公司的核心驱动，而期权就是创业公司所能激励员工的最重要工具。不少创业者没有重视期权池的问题，要么在期权制度尚未建立的前提下早早送出，要么造成了核心股东持股的不必要稀释。

期权本质上来源于现有股东所持股份，但若由各股东按比例分散持有，未来恐难以统一运作，易引发争议并影响实施效率。

有限责任公司体制下期权激励方式相当灵活，采用何种定位和方案取决于公司的现实选择，应在公司配套的期权制度建立后具体实施。

期权池确应早做安排，方法是在拟议股权分配方案时，就从各股东处划分出来，由核心创始人一并代持，其他股东可通过协议明确代持权利的性质和处置限制。

（6）用好有限责任公司的股权回购条款

对创业公司来说，股东之间的志同道合尤为重要，因此股权分配需要从正向和反向两个维度进行考虑，既要从正向保障创业者同舟共济时的公平和激励问题，也要从反向考虑某些特殊情形，如创业者离职退出、离婚、继承等情形下公司股权的回收问题。

回购制度是平衡股东退出和公司利益的重要制度途径，但是《公司法》对有限责任公司的股份回购是有限制性规定的（尽管这种规定在实务中是有争议的），因此在设计回购条款时，应注意几个问题，一是回购条款最好由公司指定的其他股东实施，且应注意回购定价的公平性；二是回购条款的适用范围能够涵盖公司股权分配的反向所需；三是应将回购条款和股权转让制度综合考虑、糅合设计。

（7）创新运用公司法的各项制度

公司法的自治空间是相当宽广的，创业者要充分运用股东的章程自治权，建立适合自己的股权分配和动态调整方案。

比如有些股东愿意"掏大钱、占小股"，那么对此类股东可以配合使用协议和章程方式将分红权、优先认购权、表决权脱钩，设计符合各股东需求和长处的股权结构；再如可以借鉴资本工具的思路，运用可转换优先股、清算优先权等思路做股权分配设计。

综上所述，创业公司的股权分配本质上并不复杂，但创业者确实应该给予相当的重视。若能在前期花费少量时间把相关问题理顺，能起到事半功倍的效果，助力公司的良性发展。

第九节　股改后公司财务管理的七大变革

在股权分置时代，上市公司财务管理行为被严重歪曲。各类股东利益诉求的分歧，使得股东之间的矛盾无法调和，进而使公司财务管理的目标企业价值最大化，甚至股东利益最大化都难以切实有效地实现。

再加上以往剥离、分拆上市遗留的历史问题，上市公司财务运作的目标实际上是控股股东利益最大化。这种财务目标下的财务运作只能导致这样的后果：即牺牲流通股股东的利益、乃至牺牲非控股的非流通股股东利益来满足控股股东的利益最大化。

在股权分置状态下，各类股东在上市公司财务管理的增发、配股及相关融资过程中承担的风险不对等，融资行为导致的股价涨跌直接影响流通股股东的利益，而对于非流通股股东却没有约束力；前者关注二级市场股价的波动，后者则关注每股净资产的增减。

例如，某上市公司以每股 12 元的价格增发 6000 万股股票，增发后每股净资产由 8.16 元上升到 9.21 元。大股东通过增发，轻而易举就使自己净资产大幅增值，而其后该股票价格的下跌却使流通股股东利益受到严重损害，两类股东的利益差异显而易见。

股权分置改革前，非流通股与流通股的利益出发点、追求的目标、盈利方式的差异，导致证券市场的定价机制扭曲，上市公司业绩与其股价偏离，股票的估值标准混乱。流通股股东以股票市值衡量投资价值，并以市值的变动确认损益；作为控股股东的非流通股股东更关心的是净资产，以及能否通过配股增发实现更大的增值。

在股权分置改革完成之后，股东间利益达成一致，实现了真正意义上的同股同权、同股同利，由此影响上市公司财务管理的目标发生改变、上市公司估值标准逐渐趋于一致。同时，随着股份全流通，资本市场并购重组也将空前活跃，维护股价成为上市公司经营管理，尤其是公司财务管理的重要内容，股票全流通给上市公司财务管理带来的改变将是革命性的。

（1）股权分置改革之后，企业价值最大化将成为上市公司财务管理的目标。在市场经济中，企业本质是人力资本与物质资本组成的多边契约关系的总和。契约实质要求公司治理结构的主体之间应该是平等的关系。股权分置改革首先解决了各类股东之间的利益冲突，实现了同股同权，实现了各类股东共同的利益基础，从而理顺了上市公司治理结构的基础，激活了公司控制权市场，诱发公司财务管理目标从控股股东利益最大化转变为企业价值最大化，要求公司管理层在确保公司持续性价值创造、承担社会责任的前提下，为全体股东实现财富最大化。

（2）股权分置改革之后，优化财务决策，确保公司可持续发展成为上市公司财务管理的战略目标之一。在股权分置时代，控股股东为达到增发、配股或保牌的目的，在公司财务管理上存在着严重的操纵利润等各种短期化行为。尤其对于业绩不佳的上市公司而言，财务管理的短期化现象更严重。而随着全流通局面的形成和市场监管效率的提高，股价的信息含量不仅包括企业既往盈利能力、盈利构成的信息，还包括未来盈利潜力、时间分布等不确定性的信息。因此，在投资项目选择、融资策略拟订、股利政策制定乃至中长期生产经营规划等方面的财务战略决策，必须充分考虑时间价值以及各种不确定性，重视规模、盈利、风险等多方因素的均衡，确保公司可持续发展，注重不断提升企业价值。

（3）股权分置改革之后，关注股价、维护股价将成为上市公司财务管理的重要内容。对于全流通的上市公司而言，股价反映了投资者对上市公司的信心以及未来盈利预期；对于控股股东而言，股价反映了所控制的资产价值，成为有效保障控股权稳定性的主要工具之一；对于公司财务管理层而言，股价高低反映公司投融资决策以及日常管理中资源配置和运用的效率，并影响未来的融资成本。而在影响股价的各种宏观、微观因素中，包括利润在内的多种财务管理指标是重要的影响因素。由于传统公司财务管理中对于股价的关注度较低，这将成为股改后上市公司财务管理的新课题。

（4）股权分置改革之后，未来现金流量等财务指标将成为资产估值的重要标准。资产定价功能是资本市场的基本功能，是有效进行存量资源优化配置的基础。股权分置的状况使得资本市场丧失了资产估值功能，或缺乏科学有效的估值标准。而股改完成后，企业价值表现为企业未来的收益以及与相应的风险报酬率作为贴现率而计算的现值，即未来现金净流量的现值。由此将导致资产估值的核心理念发生变革，将从注重"账面"过渡到注重"市场"、从注重"历史"过渡到注重"未来"。"净资产"这样的财务概念将从估值的核心指标中逐渐淡出，资产赢利能力、未来现金流量等将成为资产估值的重要标准。

（5）股权分置改革之后，利用有效的资本运作配置资源也将成为公司财务管理的重要工作。消除股权分置以后，全流通上市公司的股价更接近企业本身的盈利能力、发展潜力，从而能更真实地反映资产价值；同时，股票的全流通使得控股权转移变得更加市场化、简单化。这些都将极大地激活兼并、收购和控制权争夺市场，为企业通过资本运作配置资源、最大限度发挥协同效益提供了前所未有的广阔平台。而兼并、收购和控制权市场的活跃，必然产生各种金融工具、理财产品的不断创新。有效运用财务工具、创新金融工具进行各种资本运作、理财活动将成为股改后上市公司财务管理的重要工作内容。

（6）股权分置改革之后，公司财务管理系统中将重新构建投资风险收益的评价体系。许多企业拥有上市公司的非流通股权，股改前，无论长期股权投资核算采用成本法还是权益法，该投资都处于相对静止状态，投资价值变动较小。而股改完成后，该部分投资价值时时刻刻都处于变化之中，这就要求财务管理人员实行动态管理，充分考虑二级市场风险因素，建立股权投资的风险预警控制系统；密切监控被投资上市公司的动向，认真分析其经营现状及未来趋势，注重内在投资价值，建立起新型的投资风险与收益评价体系。

（7）股权分置改革之后，公司财务管理的政策选择、管理模式将进一步与国际趋同。股改后，外资获准以战略投资者的名义进入二级市场，这意味着证券市场对外开放增加了新的渠道。

| 第七章 |

历史经验：晋商身股制度对现代
企业经营的启示

我国历史上的晋商，崛起于明清年间，后逐渐成长为一个庞大的商业团体，富可敌国。晋商的商业经营，不仅参与的领域多，活动范围也比较大，不仅仅局限于国内，日本、朝鲜及俄罗斯等国家都有他们的踪影。

晋商，在当时，被誉为非常有影响力的商帮，不仅如此，其影响时间更是超过了 500 年，创造了商界奇迹。晋商取得如此辉煌的成就，肯定有其独到之处，然而深入研究就会发现，创新思想是晋商商业思想的灵魂。

第一节　开创身股模式，注重长期激励

晋商为了激励下属的积极性，实行了一种股权激励的方式——身股。身股是与银股相对应的称呼，企业开办资金由财东出资，称为财股或银股。职业经理人和高级员工凭其在企业的贡献，不用出资，享受企

业的分红，称身股或人力股。

一般大掌柜（即总经理）身股一股，谓之"全份"，不能再高了。二掌柜、三掌柜身股八厘、七厘（一厘等于0.1股）不等，其他高级员工从半厘到七厘、八厘不等。

银股可享永久利益，父死子继，永不间断。而身股则仅可及身，一旦死亡，其利益立即停止。顶身股较高者，还可酌情给予故身股。一般各伙友入号在三个账期以上，工作勤奋，未有过失，即可由大掌柜向股东推荐，经各股东认可，即可享有相应的身股。

当年晋商这种身股是非常普遍的，几乎所有企业的高级员工都有身股。晋商身股与分红股一样，是不需要支付任何对价，凭着本身对企业的贡献即可享有的一种权利。但是，它与分红股又有不同。

第一，身股没有比例限制。现在公司的分红股是指公司提取一定比例（一般不超过50%）的利润用于分配给激励对象。晋商的身股没有比例限制，他们规定具体每一个人享有的身股数额，每次分红时，将可分配利润除以身股和银股的总数，再乘以具体人的持股数额，就是应得分红。比如银股总数为 M，身股数为 N、N1、N2、N3……可分配利润为 Q，具体到持有 N 股的人的应得分红就是 Q ÷ (M + N + N1 + N2 + N3 + …) × N。从理论上讲身股总数可以无限扩大。

我们耳熟能详的乔家大院投资的大德通票号 1888 年银股 20 股、身股 9.7 股，到 1908 年银股还是 20 股，身股达到了 23.95 股，身股总数超过了银股。当然，也不用担心身股总数太高损害了银股的利益，身股数是随着公司规模和业务量增加而增加的，1888 年 20 股银股共分红 17000 两白银，1908 年 20 股银股分红达到了 340000 两白银，虽然银股占总股数比例从 69.34% 降到了 45.50%，但是分红却增加了 20 倍。

第二，身股的激励是持续的。晋商授予员工的身股数额不是恒定的，而是随着资历、贡献的变化而变化的。能力强、贡献大的增长快，能力差、贡献小的增长慢或不增长，严重失职的可能还减少身股。

还是以大德通票号为例，看过《乔家大院》这部电视剧的观众可能还记得高钰这个人物。1889 年，高钰、赵调元、郝荃、王振铎的身股分别是三厘、二厘、二厘、五厘，但是到了 1908 年分红时，高钰和郝荃已经为一股，而赵调元只有四厘半，王振铎原来最高，后来却只增加到七厘。

晋商身股这种变化的好处就在于对于激励对象不是一次性激励完成，可以不断地激励。晋商中的伙计在没有身股的时候盼着有身股，有了身股盼着涨身股。而现在股权激励方案一般就是一次性激励，很难持续激励。

最后一个问题，也是企业家最担心的问题，如果激励对象不支付对价，在公司遇到困难的时候他们能够和公司共进退吗？

如果激励对象支付了对价，在公司困难的时候，反而更容易离开公司。道理很简单，如果激励对象支付了对价，在公司遇到困难时，他们为了保证自己的投资不受损失或少受损失，首先要考虑离职以促成回购条件达成。如果他们没有支付转让款，反而能坚持到最后，因为即便坚持到最后他们也不损失什么，顶多是当年的分红没有了，如果渡过难关，他们就是公司的功臣。

所以，有些企业试图用支付对价来锁住激励对象，反而会起到把激励对象"逼走"的负激励作用。这恰恰是大部分股权激励设计者和老板们所忽略的问题。

晋商的身股制真正承认了员工的人力资本价值，并且准确给予了价格（股数），而且如果银股的投资人——东家，直接兼任总经理的话，他也要有一股的身股，可见他们对于人力资本的认同。现在很多老板都不在企业领工资，显然二者的理念是完全不同的。

第二节　股俸制的实质就是职位配股

股份制在中国最早是由晋商创造并运用起来的。晋商的股份制又称股俸制，股俸制就是有股亦有俸的意思，俸就是红利或利息。晋商的股份制有正本、副本之分和银股、身股之别。

晋商的股份制已经具备了现代企业股份制的三个基本特点：一是股权多元化；二是有一个相对控股的大股东，即大东家。企业重大决策由大股东做出，其他小股东只分红，不参与决策；三是实现了两权分离，也就是所有权与经营权分离。

晋商实行无限责任股份制，大股东是资产所有者，对其名下商号的资产负有无限责任。财东对于企业具体的经营过程采取了超然的态度，把资本、人事全权委托经理负责，财东不干涉商号日常事务和经理的业务决策，日常盈亏平时也不过问，让经理大胆放手经营，静候年终决算报告。

财东的子弟就业，也不得进入本号，财东连举荐人的权利都没有。每到例定账期，财东通过办理决算，处置红利，把握票号全局发展和资本的宏观运用。

晋商实行经理负责制，大掌柜享有经营权，员工选拔、资金调度、内部管理、业务开拓，完全是大掌柜说了算，财东不得过问。经理每年年终汇集营业报告表，造具清册，向财东汇报一次，这时财东对经理的经营策略只有建议权，没有决策权。

财东只能在结账时行使权利，平时不得在号内食宿、借钱或指使号内人员为自己办事，只有经理才能对外代表商号，财东不得以商号名义在外活动。所有权与经营权分离使经理掌握了最大的经营自主权，在瞬息万变的市场竞争中能够迅速做出决策。

第三节　身股与银股具有平等分红权利

晋商在人事劳资关系上首创人身顶股制，这是一项协调劳资关系，调动工作积极性的办法。晋商的股份制分为财股和顶身股两类。

财股也叫银股，是财东出资并按一定的单位额分红利的股份，银股的多少决定着投资者将来在红利中的份额。顶身股又称"顶生意""身股""人身股"，即不出资本而以人力所顶的一定数量的股份，按股额参加分红。

凡山西商号中的掌柜、伙计，虽无资本顶银股，却可以自己的劳动力顶股份，而与财东的银股（即资本股）一起参与分红。

身股的多少按照每个人的才能、工作资历与业绩来确定。总经理身股多少由财东确定，商号内各职能部门负责人、分号掌柜、伙计是否顶股，顶多少，由总经理确定。总经理一般可顶到一股（即10厘），协理、襄理（二掌柜、三掌柜）可顶七八厘不等，一般职员可顶一厘至四厘不等，也有一厘以下的。但不是人人都能顶身股，而是有一定资历者方可顶身股。

晋商通过顶身股形式，把商号的经营与员工的经济利益直接挂钩，都参加账期分红，从而调动了经理、伙计、学徒的工作积极性，店员个人利益与商号利益、财东利益紧密联系在一起，增强了其敬业精神与凝聚力，提高了晋商在市场上的竞争力。这种"人人可以当东家"的人力股制度是晋商企业管理机制中最有特色、也最具创造性的，其成功经验，对后人具有很大的启迪和借鉴意义。

第四节 银股只能赚取钱财，身股还能赚取人心

股权激励越来越成为企业提升管理、创新制度的一个热点问题。那么，企业如何结合自身发展实际，进行有效的股权激励，从而实现企业的可持续发展呢？

(1) 重视人的作用，增加企业人力资本的使用量

把员工看作人力资本强调人不是成本，而应该说是企业的投资者，企业和员工之间要相互激励、相互帮助，企业帮助员工成为一个优秀的员工，员工帮助企业成为一个优秀的企业，共赢是最高境界。企业为员工进行资本投资，员工为企业投入自身全部人力资本，才能最经济地拥有人才，拥有充足的人才，使人才不断成长，为企业带来源源不断的利润，以实现双方共存与发展的目标。

(2) 协调劳资关系，企业员工利益整合

在充分实行两权分离的基础上，经营者和所有者、企业与员工的利益并不是完全分离或对立的，晋商首创的身股制，是一项协调劳资关系、调动工作积极性的有效做法，它不仅使得员工在努力工作之后得到了经济利益，同时也满足了员工的荣誉感，进而增加了员工背弃企业的

成本。

经营者和所有者、企业与员工的利益并不是完全分离或对立的，我们完全可以通过某种手段巧妙地把它们整合起来，使其达到同步最优，而"身股制"为我们解决问题提供了一个很好的范例。可以说，现代的员工持股制度就是现代化生产关系下的"身股制"。

（3）设计按劳取酬，充满竞争的激励机制

在晋商股份制中，掌柜的身股是由财东根据其能力与业绩来确定的。而伙友的身股，则是掌柜视其个人能力大小而确定。一个账期内，有身股的伙友，掌柜视其在本账期的表现与业绩增加或减少份额。

一般来说，表现好、业绩突出的伙友，其身股份额每个账期可能增加3~4厘，表现一般的增加1~2厘，有过失的伙友视其过失轻重减少其身股数。这种灵活机动的激励制度时刻督促伙友发挥超负荷能量，掌柜的业绩与伙友的劳动是分不开的，而伙友的贡献又须由掌柜来断定，如此，掌柜与伙友在经济效益这个前提下紧密团结、互相配合、形成合力，从而使商号赢得巨利，也使自己分取可观的股金。

由此可见，身股制在激励员工、谋求企业员工利益双赢中发挥着重大作用，对现代企业的发展仍有不少借鉴意义。

第五节　企业如何借鉴晋商的身股制度

创新是企业的生命，创新是企业发展的前提和保证。晋商能够取得如此辉煌的成就，关键在于能够不断探索、创新。因此，现代民营企业要想在强手如林的激烈竞争中立于不败之地，不仅要创造条件抓住机

遇，改善民营企业发展的外部环境，而且更重要的是要抓住产业结构调整的时机，不断提高自主创新能力，加强企业内部的创新。

（1）制度创新

民营企业建立现代企业制度，一个值得关注的问题是如何看待和把握家族式企业。中国民营企业在发展初期，一般都是"董事长兼总经理"，投资者与经营者一体化。

民营企业发展到一定规模后，如何突破人才资源和知识结构方面的家族局限，自觉地引进人才，吸纳和利用社会管理资源已成为一个值得探讨的重要问题。民营企业要在制度创新中有所建树，就必须处理好情感和制度的关系。

民营企业开始起步大都是靠情感维系，之后引入激励机制，对管理人员和表现突出的员工实行高薪。制度管理是民营企业发展的一个重大课题，感情和制度是企业管理中的一对矛盾，过多强调情感而没有制度的企业，发展必定受到限制。民营企业在制度创新过程中，要根据企业自身的特点和发展阶段，处理好制度和情感的关系。

晋商企业制度的完善，标志就是家庭企业向股份制企业的转变。最早的晋商，都是个人资本。但是个人资本毕竟有限，于是股份制产生了。股权最大的称大股东，很多事情是大股东说了算。

同时，晋商实行经营权与管理权分开，任命一个大掌柜，也就是今天的总经理来管理企业。民营企业要发展好，必须从家族式企业转向股份制企业。企业的制度改革，很重要的一条就是要实现股份制，通过股份制再实现上市。

（2）管理创新

企业经营者素质、企业管理规范是民营企业发展的重要制约因素。民营企业在用人方面必须做到能者上，庸者下，引进一批优秀人才，参与公司日常业务管理，在职责范围内行使权力，发挥才干。

民营企业要建立集体决策机制，让高层管理者参与决策，这样既有利于决策的科学性和可操作性，又有利于调动高层主管的积极性，增强企业的凝聚力。民营企业通过制度创新，建立一套系统、科学、完善的规章制度，保证企业经营管理活动有序进行，使职工有章可循、各司其职、相互监督，实现民营企业由"人治"走向"法治"。

（3）技术创新

民营企业要建立健全面向可持续发展技术创新的企业内部动力机制，加强领导和管理，制定一整套相应的管理制度，把可持续发展技术创新的战略思想贯彻到企业管理的全过程，落实到企业的各层次，分解到企业的各个环节。

加强对企业可持续技术创新的监督和考核，有奖有罚，用经济手段调动开展可持续性技术创新工作的积极性。民营企业要在企业利益、生态利益和社会利益的结合点寻求技术创新的机会与效益，这样会给企业带来实实在在的效益，还会推动企业可持续技术创新的良性循环。

民营企业要积极开展可持续发展技术创新教育，构建优良的可持续发展企业创新文化。民营企业还要把企业技术创新目标调整到与国家政府目标一致的方向上来，及时了解国家有关产业政策，考虑可以利用的企业外部资源，以降低企业创新成本，提高创新效率。

(4) 产品创新

民营企业产品创新是从形成新产品构思到实现新产品商业化的完整过程，是民营企业技术创新和可持续发展的关键。企业要确定新产品市场定位，选择适宜的合作伙伴与开发方式，充分利用外部科技力量与自身条件，为生产新产品创造必要的物质条件，为销售新产品进行必要的市场开拓，使新产品为市场和用户接受，从而收回产品创新的全部投入，取得相应的经济效益。

一个企业经营者不具备创新精神，不懂得产品必须根据市场需求不断更新，那么即使是名牌产品，也经不住激烈的市场竞争，而最终被淘汰。晋商的成功，很大程度上在于其能够根据经济环境的变化与具体的市场需求不断进行调整，进行持续创新，这也应该为现代企业家所学习与借鉴。

综上所述，晋商之所以能够辉煌 500 年，与他们敢于创新、善于创新分不开。正是这种善于变通的思想、创新的理念，持续不断地给商号注入新的活力，使他们创造性地成立票号，成功地实现了制度创新和技术创新。

晋商在经营管理上的开拓创新，特别值得我们今天的企业及其经营者学习和借鉴。在当今这个不断变革、不断创新的时代，科学技术的发展日新月异，企业经营环境不断改变，全球化的市场也发生着变化，这都向企业提出了新的挑战，而应对挑战的秘诀就是创新。

| 后 记 |
只想着自己赚钱，生意永远做不大

我们处在一个讲求共赢的社会环境当中，所以，一个团队想要有战斗力，成员之间必须保持共赢的态势才行。一家公司也是如此，任何一家公司的成功都不是单纯的老板个人的成功，而是老板与员工一起努力得到的成就。

所以，公司赢利之后，老板和员工都能公平地获得相应的报酬才能使公司健康地运转下去。而实际上，很多老板却意识不到这一点，他们只在乎自己的成功，而忽略员工的诉求，这就造成公司很难获得持久的发展。

只有打开老板的这种思维，实施股权激励制度，才能将公司创造的价值与员工一起分享。老板要做的就是做表率，因为榜样的力量是无穷的。

实际上，很多保持健康态势的公司，老板都特别注重员工的诉求，他们甚至本着这样的心态建立公司，即创建一个平台帮助员工实现梦想，顺便实现自己的梦想！他们坚持的理念就是：先成就同伴，后成就自己。

　　创业者想要获得领导力就需要先成就创业伙伴，而老板成就员工第一要做的就是给予他们实实在在的经济利益，让员工有成就感。这是因为，一个人的成就感，最先体现在自己获得的物质基础上。当员工得到可观的物质回报时，才能满足最基本的成就感。社会上有不少小老板，当他的公司获得经济效益时，他选择自己拿最大部分，给予员工很少的一部分。员工在这样的公司工作，不能获得基本的满足感，因此，他们不能尽职尽责。这样的老板对员工来说也没有领导力，因为员工不能信服他们。而正是因为如此，这样的公司不能长久地发展下去。

　　当然，老板要成就员工不能仅仅依靠经济利益的提升，还得依靠自己的策略来激发他们的成就感。为什么这么说？因为任何一个公司能够给予员工的物质回报是有限的，不断提高员工的工资水平并不现实。对于创业中的公司来说更是如此，创业公司各方面的收入不多，甚至没有实际效益，这时候管理者就更需要通过其他的方式来激发员工的成就感了。

　　老板激发员工成就感的一个有效策略，就是充分尊重员工的自主性。研究表明，成就需要是基于内在心理体验的一种需要，其满足来源于人们对所取得的工作绩效的一种内在心理体验。这种体验包括两种：一种是对工作成果中凝结的个人贡献的体验；另一种是将个人贡献与他人比较获得的优势体验。

　　通常来说，一个人获得的自主性越大，个人在团队中的地位越高，就越能体验到成就感。这就要求领导者在管理团队的时候，一定要给予属下充分的自主性。管理者能放的权力，一定要放，让员工发挥最大自由完成工作任务。这样，当他们完成任务的时候，就会有强烈的实现自我价值的感觉。

　　大道至简，知易行难。许多人都明白"先成就同伴，后成就自己"的道理，可就是做不到。归根结底，这就是自私自利的心思在作怪，他们不愿意把权力和利益与他人分享，而只想自己独占独享。创业者想成功，就要克服这种小家子气的毛病。作为公司的领导者，只有具备先成就别人、后成就自己的心胸，并且尽力去实现它，成功才会水到渠成。

　　万通董事长冯仑说，伟大在于管理自己而不是领导别人，这句话非常有道理。生活中，我们可以看到很多企业都有文化口号、核心价值观，它们修辞精美，激人奋进；但是许多领导只是停留在高谈阔论这类口号上，好一点的也只是印成册子发给员工，而能够真正做到的只是极少数人。当领导都停留在喊口号上的时候，又怎么指望下属能做好呢？

　　我们已经进入一个强调个性的新时代，在这个时代，每个人都非常强调自我。在过去，喜欢命令别人、居高临下、口气生硬的领导能够吃得开；而在这个新时代，这种管理风格的领导即便吃得开，也不一定能领导一个公司的长久发展。因为单纯依靠命令、强迫的管理方式会压抑员工的个性，挫伤他们的工作积极性，最终影响公司的效益。新时代的员工喜欢接受的是一种渐进式、包围式、分散化的管理模式，他们需要领导用以身作则的管理方式，进行潜移默化的心理渗透。对他们来说，这种管理方法更有说服力和影响力。

　　驱动一个个体前进有两种动力，一种叫作外部驱动，另一种叫作内部驱动。外部驱动更多地表现为外在的刺激，诸如恐惧或者引诱。个体因为害怕领导的批评或者追求更大的奖励而努力，就属于外部驱动。内部驱动更多地表现在个体发自内心的向上，他们因为认同公司的文化，认同自己的使命而奋发向上。外部的驱动作用是短暂而有限的，而内部驱动是持久的。

　　事实证明，当一个个体跟随一个受人尊重和信任的领导人时，就会激发内部驱动。所以说，一个好的领导者，必须以身作则，用无声的语言说服员工，这样才能具有说服力，才能形成高度的凝聚力。

　　创业者要想成为好的领导，首先要带头遵守规则。为了规范员工的行为，公司通常制定各种管理规范。作为公司的管理者需要明白，规则既是为员工制定的，也是为自己制定的，自己一定要带头遵守规则。如果管理者本人不能做到这一点，管理就会出现困境。

　　比如，某公司规定不能在办公室吸烟，而主管却能在办公室拿出一根烟来抽。他率先破坏规则，员工们虽然迫于公司的规定不敢破坏规则，但是内心却有一种想要破坏它的渴望，所以他们表面上顺从主管的安排，内心却很不服气。如果一家公司有很多这样的员工存在，时间久了，管理者管理起来就会出现困难。

　　实际上，很多优秀公司的领导者都是带头遵守规则的人。在公司里，他们从来不感觉自己的地位特殊，而是把自己视为一个普通员工，自觉地遵守公司的各种规章制度。

　　创业者要想成为好的领导，不能单纯地仅仅做到遵守规则，还必须追求完美，成为公司的典范。一般来说，领导者的习惯会对员工产生非常重大的影响。这种影响也不仅仅体现在工作上。老板的人格魅力、生活习惯等，对员工都有无形的影响。有的老板，自己工作态度散漫，却要求员工积极认真地对待工作；有的自己在工作时做其他的私事，却要求员工不准浪费工作时间。这样的要求，员工是不会真心服从的。领导者自己不能起到带头作用，就不能指望着下属能做得出色。

　　土光敏夫是日本的一位受人尊敬的企业家。1965 年，他出任东芝电器社长。虽然当时东芝人才济济，但由于管理不善，员工松散，导致公司的效益不高。土光敏夫接手这个企业之后，立即提出了"一般员工要比以前多用三倍的脑，董事则要多用十倍，我本人则有过之而无不及"的口号来重振东芝。

土光敏夫是这么说的，更是这么做的。他每天提早半小时上班，并在上午空出一小时时间，欢迎员工与他一起动脑，共同讨论公司的问题。为了杜绝浪费，土光敏夫借着一次参观的机会，给东芝的董事上了一课。一天，东芝的一位董事想参观一艘名叫"出光丸"的巨型油轮。土光敏夫已看过几次这个油轮，所以他为董事带路。他们约好在樱木町车站的门口会合。土光敏夫准时到达，董事乘公司的车随后赶到。董事说："社长先生，抱歉让您久等了。我看我们就搭您的车前往参观吧！"董事以为土光敏夫也是乘公司的专车来的，没想到土光敏夫面无表情地说："我并没乘公司的轿车，我们去搭电车吧！"董事当场十分惊讶，羞愧得简直无地自容。原来，土光为了杜绝浪费，降低公司成本，以身作则搭电车上班。

由于土光敏夫以身作则，整个公司上下立刻心生警惕，不敢再随意浪费公司的物品，东芝的情况逐渐好转起来。东芝的振兴靠的不仅是土光敏夫的以身作则，更是土光敏夫用他自己的行动给他的员工起了一种表率作用。

东芝给我们的启示就是，好的领导者就是公司的模范。一个优秀的领导者，不论是人品还是行动力，以及业务能力都应该是非常出色的，特别是在精神气质方面，应该是团队的灵魂与表率。领导者的一言一行，都会对员工的行为产生潜移默化的影响。可以这样说，一个领导者的气质决定了整个团队的气质。一头狮子率领的一群绵羊，能够打败一只绵羊率领的一群狮子，这句话正说明统帅的重要作用。所以说，一个人想要成为优秀的领导者，就必须成为公司的表率。

我们每个人都不是完美的，也不能苛求领导者完美。但作为一个领导者，可以不完美，却必须具有追求完美的精神。

榜样的力量是无穷的，领导者一定要勇当下级学习的标杆。想要管理好别人，就要事事为先、严格要求自己。一旦一位领导者在员工心中成为领袖，其所带领的团队就会被凝聚起来，发挥出强大的战斗力。